LES MÉMOIRES

DE

MIMI-BAMBOCHE

ROMAN EN CINQ CHAPITRES

PAR

MM. EUGÈNE GRANGÉ ET LAMBERT-THIBOUST

Représenté pour la première fois, à Paris, sur le théâtre du PALAIS-ROYAL, le 20 juillet 1860.

PARIS

MICHEL LÉVY FRÈRES, LIBRAIRES-ÉDITEURS

RUE VIVIENNE, 2 BIS

1860

Distribution de la pièce

CHOUFLEURI....................	MM. HYACINTHE.
DUFRISON......................	GIL-PÉRÈS.
CHARLEMAGNE.................	LUGUET.
DE CERNY......................	GASTON.
PAMPHILE......................	LASSOUCHE.
BOURGALANT..................	PELLERIN.
LE RÉGISSEUR.................	KALKAIRE.
LE CHEF DE CLAQUE..........	FERDINAND.
UN GARÇON DE THÉATRE.......	L. MASSON.
PREMIER MONSIEUR............	MICHON.
DEUXIÈME MONSIEUR..........	FÉLICIEN.
UN INSPECTEUR...............	LEMEUNIER.
UN GARÇON DE CAFÉ..........	HÉNIQUE.
DE SAINT-GOURDIN............	RÉMY.
MIMI...........................	Mlles SCHNEIDER.
VALENTINE BOURGALANT......	DAROUX.
BERTHE DE CERNY............	MARTINE.
PULCHÉRIE DUFRISON..........	THIERRET.
FINETTE.......................	CRÉNISSE.
LA BURALISTE.................	DELILLE.
JULIETTE......................	DUCELLIER.
GEORGINA.....................	CHARLOTTE PRÉVOST.
FLORENCE.....................	ROSE JANIN.
ALIDA LA PHOCÉENNE..........	HORTENSE.
UNE BOUQUETIÈRE.............	HÉLÈNE.

JEUNES GENS ET JEUNES FEMMES, SPECTATEURS, ETC.

LES

MÉMOIRES DE MIMI-BAMBOCHE

ACTE PREMIER.

A Saint-James, chez M. de Cerny. — Un petit salon d'été ouvrant sur des jardins.

SCÈNE PREMIÈRE.

BERTHE, PAMPHILE.

(Berthe entre de la droite; Pamphile la suit en portant un plateau *.)

BERTHE, montrant un guéridon.

Pamphile... posez là le café... Nous le prendrons dans ce salon.

PAMPHILE.

Faut-il que j'apporte le pousse-café?

BERTHE.

Plaît-il?

PAMPHILE.

Le pousse-café.

BERTHE.

Le pousse-café?... Que voulez-vous dire?

PAMPHILE.

Eh bien, les alcools.

BERTHE.

Vous voulez dire les liqueurs?... C'est inutile... ces messieurs n'en prendront pas.

PAMPHILE, à part.

Drôle de maison!

BERTHE.

Où est M. de Cerny?

PAMPHILE.

Il est dans le jardin, avec les autres, en train d'en griller un.

BERTHE.

En griller un?

* P. B.

PAMPHILE.

Oui... Il fume, quoi!... (*A part.*) Elle ne sait donc pas le français, c'te femme-là?

BERTHE, *à part.*

Singulier domestique!... (*Haut.*) C'est bien; allez!...

PAMPHILE, *à part.*

Ah! je m'embète ici... C'est ennuyeux de servir chez ces dames... quand on a servi si longtemps chez ces demoiselles.

BERTHE, *à Pamphile.*

Eh bien?

PAMPHILE, *à part.*

Les femmes comme il faut... Oh! là là!... (*Il sort.*)

SCÈNE II.

BERTHE, DE CERNY, BOURGALANT, *puis* VALENTINE *.

(*De Cerny et Bourgalant paraissent au fond en fumant.*)

DE CERNY, *riant.*

Mais oui... venez donc!

BERTHE.

Ah! Messieurs, jetez vos cigares. (*Bourgalant et de Cerny jettent leurs cigares.*)

VALENTINE, *entrant par la droite.*

Mon mari est incorrigible!... Excusez M. Bourgalant, ma chère Berthe... En sa qualité d'ancien fournisseur, il se croit toujours à Constantine... C'est ainsi qu'il a fait la connaissance d'Abd-el-Kader... qui fumait également... Ce Bédouin et mon mari sont fort liés... par la fraternité... du chibouk.

BERTHE, *à Bourgalant, dont elle sucre le café.*

Bien sucré, monsieur Bourgalant?

BOURGALANT, *assis à gauche.*

A peine, Madame.

BERTHE, *lui apportant sa tasse.*

Tenez!... Modeste café de chez Corcelet... Il ne vaut pas sans doute celui que vous preniez à Blidah ou à Mostaganem...

BOURGALANT.

Oh! Madame!... offert par cette blanche main...

BERTHE.

Albert... où est donc mon oncle?

ALBERT, *riant.*

Oh! ma chère... nous l'avons quitté tout à l'heure; à propos d'un lézard qui glissait sous l'herbe, il nous a commencé, à Bourgalant et à moi, un cours d'anatomie comparée...

BERTHE.

Il est si savant!...

* Bour. Ber. de C. V.

VALENTINE.

Toujours plongé dans les livres.

BERTHE.

Dame!.. un grave professeur!...

SCÈNE III.

LES MÊMES, DUFRISON, puis CHOUFLEURI.

(Dufrison paraît au fond. — Il aperçoit Bourgalant *.)

DUFRISON.

Ah! vous voici, enfin!...

BOURGALANT, à part.

Est-ce qu'il va recommencer?

DUFRISON, reprenant sa dissertation.

Ainsi que je vous le disais, mon cher bon, le lézard est surtout remarquable par la flexibilité de ses vertèbres et la vigueur des muscles... Voyez-le, cher maître, voyez-le grimper perpendiculairement sur une surface unie. Quant à être l'ami de l'homme... oh! que nenni!... C'est ainsi que des préjugés bizarres et frivoles s'infiltrent au cœur de l'humanité, et, après avoir en quelque sorte, et si j'ose m'exprimer ainsi, infesté nos ascendants, menacent d'empoisonner nos fils et de replonger la société dans les limbes de la barbarie et de l'ignorance... (A Berthe.) Pas de crème, ma nièce, pas de crème!... (Il prend un livre et s'installe dans un coin.)

BOURGALANT, à part.

Qu'est-ce que ça me fait à moi, tout ça?

VALENTINE.

Ah! vive la science!

BERTHE, regardant de Cerny qui est pensif.

A quoi donc pense Albert?...

PAMPHILE, annonçant.

M. Choufleuri! (Choufleuri paraît. — Mise de lion à tous crins **.)

CHOUFLEURI.

Mesdames!... Bonjour, Cerny... Bonjour, Bourgalant... Ça va bien, très-chers?... (Il leur touche la main.)

BERTHE.

Monsieur Choufleuri... savez-vous que cela est fort aimable à vous de ne pas nous oublier dans notre solitude de Saint-James?...

CHOUFLEURI.

Comment donc, comtesse... mais j'aurais fait vingt lieues... et puis j'avais à sortir mes deux poneys.

* Bour. D. Ber. de C. V.
** D. assis, Bour. Ch. Ber. V. de C., deuxième plan.

BERTHE.

Ah !...

CHOUFLEURI.

Oui... j'ai acheté deux poneys... ils sont renversants! Tout à l'heure, au bois, j'ai rencontré le petit de Mérieux... il m'a crié : « Mon cher, tes poneys sont renversants! » Nous avons bien ri.

VALENTINE.

Et vous conduisez vous-même?

CHOUFLEURI.

Toujours!

Air : *Quand j'étais roi de Béotie.*

De nos jours, c'est la loi suprême
De l'élégance et du bon ton
De savoir conduire soi-même.
Dire que ça m'amuse, oh! non!
A ne pas verser je m'applique,
Parfois j'ai peur de trébucher...
Je promène mon domestique...
Ça me donne l'air d'un cocher;
Il faut ça pour avoir du chique...
I.. i...i...i...que !

C'est très-bien porté... Il y a beaucoup de dames qui conduisent elles-mêmes.

VALENTINE.

Mais aussi... quelles dames !...

BERTHE.

Celles que ma tante appelle les Laïs de 1860.

CHOUFLEURI.

Oui... les impures !... Le fait est qu'elles sont renversantes !

LA VOIX DE PULCHÉRIE, en dehors.

C'est une indignité! c'est une infamie!...

SCÈNE IV.

LES MÊMES, PULCHÉRIE, un journal à la main.

PULCHÉRIE, furieuse *.

Je déclare que c'est infect!... Voilà mon opinion!...

DE CERNY.

Mais qu'avez-vous donc, ma chère tante?...

PULCHÉRIE.

Encore une escapade de ces demoiselles...

BOURGALANT, riant.

Encore ! Ah ! ah ! ah !..

* D. Bour. Pul., deuxième plan, de C. Ch. B. V.

PULCHÉRIE.

Cela vous fait rire, Messieurs?... Vous trouvez cela charmant? Écoutez ce que dit le chroniqueur de mon journal. Il est question d'une nommée Georgina.

DE CERNY, à part, troublé.

Georgina!

PULCHÉRIE, lisant.

« La ravissante Georgina, une des roses de Paris... » Une rose!... Si ce n'est pas à sortir des gonds... Qu'est-ce que nous sommes donc, nous autres?...

CHOUFLEURI, avec galanterie.

Mais des roses... doubles! (A part.) Je crois le mot assez heureux!...

PULCHÉRIE, continuant sa lecture.

« La ravissante Georgina, une des roses de Paris, aime à manger des cerises en cabinet particulier, et, entre autres manies, elle a celle de lancer par la fenêtre les noyaux aux passants. »

CHOUFLEURI.

C'est vrai... Oh! elle est amusante!... Voilà une femme amusante!

PULCHÉRIE.

« Dernièrement, elle dînait chez un de nos traiteurs les plus renommés du boulevard Italien, et, au moment où, avec une incroyable adresse, la folle enfant venait d'attraper dans l'œil un bon bourgeois, quelques promeneurs s'attroupèrent. — Des cris, des injures furent proférés par la foule contre la belle Georgina et le jeune homme qui l'accompagnait, M. de X... »

DE CERNY, à part.

Ah! je respire!...

PULCHÉRIE.

« On parlait déjà de prendre d'assaut le cabinet d'où était parti le projectile, et ce n'est qu'à grand'peine que le maître de l'établissement parvint à rétablir le calme et à dissiper l'attroupement. — Mais où allons-nous, vraiment, si les jolies femmes n'ont plus le droit de manger des cerises à leur dessert, et de faire ce qu'elles veulent des noyaux?... » (Avec éclat.) Et le journalisme les excuse! Des bastringuettes!

CHOUFLEURI.

Écoutez... franchement... soyons justes... Si elle aime les cerises, elle ne peut pas mettre les noyaux dans sa poche! (Les hommes se mettent à rire, à l'exception de Dufrison qui lit toujours.)

PULCHÉRIE.

Ah!... tenez... vous êtes tous indignes!

BOURGALANT.

C'est une plaisanterie innocente... J'en appelle à votre mari lui-même...

PULCHÉRIE.

Lui! Est-ce qu'il entend quelque chose à cela?... il est dans la science jusqu'au cou!... Palamède!

DUFRISON, quittant son livre.

Bonne amie?...

PULCHÉRIE.

Il n'a rien entendu!...

DUFRISON, se levant.

Pardon, bonne amie, et voici mon avis *. Loin de moi l'idée de vitupérer une jeunesse ardente qui s'élance avec une impétuosité blamable vers des plaisirs que je déplore. Toutefois, il est triste, en un mot, et si j'ose m'exprimer ainsi, d'assister aux cascades d'une société qui pirouette sur le pivot du matérialisme. Que voyons-nous, chers bons?... La jeunesse négliger la science pour courir après des drôlesses; le journalisme lui-même, cet organe de l'opinion publique et de la politique universelle, enregistrer leurs succès interlopes, et battre des mains à leurs pirouettes. Les coquines sont, en un mot, et si j'ose m'exprimer ainsi, un abîme pour l'humanité.

PULCHÉRIE, vivement.

Palamède, vous êtes dans le vrai. Embrassez-moi. (Dufrison l'embrasse, puis se rassied et reprend sa lecture.)

BERTHE.

Oui, ma chère tante.. mais ces messieurs pensent à leurs cigares que nous leur avons fait éteindre... Eh bien! fumez, Messieurs... nous vous laissons. Ma tante, venez faire un tour de jardin.

VALENTINE, souriant.

C'est cela!... le grand air vous calmera.

PULCHÉRIE, avec colère.

Oh! les lorettes!... oh! les impures!...

ENSEMBLE.

Air de *Polka*.

Des lorettes,
Si coquettes,
Le règne un jour passera.
De la biche,
Qui s'affiche,
Le temps vous / nous vengera.

CHOUFLEURI, à part.

Des lorettes,
Si coquettes,
Le monde en vain se plaindra.

* Bou. Pul. D. Ch Ber. V. de C., derrière elles.

De la biche,
Qui s'affiche,
La vogue durera!
(Les femmes sortent.)

SCÈNE V.

DE CERNY, CHOUFLEURI, BOURGALANT, DUFRISON, lisant toujours *.

DE CERNY, froissant le journal.

Maudits chroniqueurs!... Ils avaient bien besoin de parler de cette sotte aventure!

BOURGALAND.

Ah bah!

CHOUFLEURI.

Est-ce que par hasard M. de X...?

DE CERNY.

Eh oui! parbleu!... c'était moi!... Georgina adore le Café Anglais et la Maison-Dorée.

CHOUFLEURI.

Comment! très-cher, c'était vous?...

DE CERNY.

Silence! (Il montre Dufrison.)

CHOUFLEURI.

Oh! il n'écoute pas... Et puis, d'ailleurs... C'est un joli crustacé, monsieur votre oncle!

DE CERNY.

Et voilà comment ces femmes-là vous compromettent!

BOURGALANT.

Oui... mais elles sont si amusantes!

CHOUFLEURI.

Si renversantes!...

DE CERNY, allumant un cigare.

On peut fumer, chez elles!... Aussi, on y va.

BOURGALANT.

Et on y retourne!...

CHOUFLEURI.

Moi, mes très-chers, je lance les femmes.

DUFRISON.

Plaît-il?

CHOUFLEURI.

Tiens! il a entendu.

DUFRISON.

Qu'appelez-vous lancer une femme, mon cher bon? Apprenez-moi cela... j'aime à m'instruire **.

* D. Bour. de C. Ch.
** D. Ch. B. de C.

CHOUFLEURI.

Lancer une femme... c'est l'initier à la vie parisienne... c'est la prendre ignorée et en faire une femme célèbre. Ça vous pose un homme, ça! Vous n'avez pas entendu parler de Coralie... une femme du Casino-Cadet... C'est moi qui l'ai lancée... Finette!... c'est moi qui l'ai lancée. Aïe donc!...

DE CERNY.

Oh! Finette!... Je ne vous conseille pas trop de vous en vanter.

BOURGALANT.

Vous n'avez rien obtenu d'elle?

DE CERNY.

Et elle vous a mis à la porte?

CHOUFLEURI.

C'est vrai... l'aventure la plus piquante!... J'arrive chez elle, et je la surprends *flagrante Paphos*... avec un photographe... un drôle nommé Charlemagne. Mais je m'en vengerai! J'ai pincé la correspondance de ce... collaborateur du soleil. Du reste, je ne pense plus à Finette.

DE CERNY.

Bah!...

CHOUFLEURI.

Ce matin, j'ai rencontré un ange... Oh! l'aventure la plus piquante!...

DE CERNY.

Racontez-nous cela...

CHOUFLEURI.

Je passais rue Vivienne... J'étais pressé... je heurte une petite ouvrière... air modeste, sourire d'ange... Elle me dit: « Faites donc attention, grand imbécile! » Ce mot me monte... Je suis le friponne... je lui offre une américaine de chez Binder... c'était renversant!.. Enfin, elle arrive à son magasin, me pousse la porte sur le nez, et m'échappe en prononçant ce mot adorable: « As-tu fini, grand escogriffe!.. » Ce mot me monte, je prends l'adresse sur mon carnet... et voilà!

LES AUTRES, riant.

Ah! ah! ah!

CHOUFLEURI.

Riez... j'ai l'adresse dans ma poche... Je repincerai la friponne... et alors... la journée sera bonne pour Vénus!

SCÈNE VI.

LES MÊMES, PAMPHILE.

PAMPHILE.

Monsieur... il y a la modiste de Madame qui apporte un chapeau.

DE CERNY.

Très-bien... faites-la entrer dans ce salon. Je vais prévenir Berthe. Venez, Messieurs, allons rejoindre ces dames au jardin.

DUFRISON.

Moi, je rentre chez moi. Je vais goûter le bienfait du sommeil. Adieu, mauvais sujets!... (Il rentre chez lui, à gauche.)

TOUS.

Au revoir!...

ENSEMBLE.

Air : *Valse de Noël.*

C'est après la folie
Que nous devons courir;
Il faut dans cette vie
Obéir au plaisir!

DE CERNY, en sortant, à Pamphile.

Pamphile, mettez tout en ordre.

SCÈNE VII.

PAMPHILE, puis MIMI.

PAMPHILE, qui a pris le plateau.

Oh! y a trop à travailler ici!... faut que je me fasse renvoyer!... J'en ai assez des maisons honnêtes!... C'est vrai ça... j'ai toujours servi chez les petites dames. Je les aime, moi, ces femmes-là... Je les estime pas, mais je les aime bien... Au moins c'est gai chez elles... On rigole, quoi!... Et puis, il y a de la gratte pour les domestiques. Tiens! et la modiste que j'oublie... (Il remonte.) Entrez, Mademoiselle. (Mimi paraît en toilette très-simple, un carton à chapeau à la main *.)

MIMI.

Madame la comtesse va venir?

PAMPHILE.

Dans un instant... Tenez... la voilà. (Il sort au moment où Berthe paraît.)

SCÈNE VIII.

MIMI, BERTHE **.

BERTHE.

Vous apportez mon chapeau, Mademoiselle?...

MIMI.

Oui, madame la comtesse.

* P. M.
** B. M.

BERTHE.

Donnez, que je l'essaye...

MIMI, la regardant.

Ah! mon Dieu!... mademoiselle Berthe!

BERTHE.

Mimi!...

MIMI.

Votre sœur de lait... la fille à Marguerite.

BERTHE.

C'est toi?...

MIMI.

Comment! vous êtes madame la comtesse de Cerny? Vous êtes mariée?

BERTHE.

Sans doute... Mais toi... tu es donc dans un magasin?

MIMI.

Oui... dans un magasin de modes. Je suis assez contente... Mais c'est vous qui devez être heureuse!

BERTHE.

Heureuse!... Oui... à peu près.

MIMI.

Comment, à peu près?... Est-ce que votre mari n'est pas jeune, riche, joli garçon?...

BERTHE.

Si fait... il est tout cela...

MIMI.

Eh bien, alors, qu'est-ce qui vous manque?

BERTHE.

Mon Dieu, j'ai peut-être tort de me plaindre... Mais il me semble qu'Albert est moins tendre, moins empressé que dans les premiers jours de notre mariage.

MIMI.

Ah! dame!.. que voulez-vous!... les hommes... ça les ennuie de toujours soupirer... C'est pas comme nous.

BERTHE.

Il va le jour aux courses, il monte à cheval... et le soir il va au club... Il s'est fait admettre à trois cercles... et je suis seule souvent... Mais, parlons de toi!... de toi, ma chère Mimi!... Y a-t-il longtemps que je ne t'ai vue!... (Elles s'asseyent à droite.) Eh bien, voyons, qu'as-tu fait?... Quels sont tes projets pour l'avenir? Conte-moi tout cela.

MIMI, gaiement.

Vous ne savez pas?... Je vais me marier aussi.

BERTHE.

Ah!

MIMI.

Avec un artiste... un photographe.

BERTHE.

Tu l'aimes?

MIMI.

Oh! je l'idole!... et il m'idole aussi... Dame!... ça n'est pas un gant-jaune, un mirliflor... Il porte des paletots-sacs et des chapeaux Garibaldi... Mais c'est un bon gros garçon... tout rond...,J'aime bien les hommes tout ronds...

BERTHE.

Et il te fait la cour?. . il te mène au bal?

MIMI, *se levant.*

Au bal? jamais! J'aime pourtant bien la danse *... oh! c'est ma passion!.. Quand j'entends un orgue dans la rue, mes jambes frétillent malgré moi... J'ai des envies de faire le cavalier seul... Oh! le quadrille!... et la valse donc!...

Air : *Valse du Pardon.*

Dans ma chambrette,
Et, sans piston,
Je danse au son
D' ma chanson.
Seule, en cachette,
Là, je répète,
Je risque un pas
Plein d'appas.
Mais, j' veux l' mariage
Et, toujours sage,
Mon cœur, oui-da!
Gardera
Sa première polka
Pour ce jour-là!

Tout à mon aise
J' puis sautiller;
J' n'ai qu'une chaise
Pour cavalier.
Comme à Mabille
Il m' s'rait facile
D'avoir accès!
Si je voulais,
J'y brillerais;
Je le sais, mais...
Dans ma chambrette, etc.

BERTHE.

Bien, Mimi!.. il faut savoir résister à la tentation. (*On entend, dans la chambre voisine, Valentine jouer un quadrille sur le piano.*)

MIMI.

Oh! je résisterai, Madame...

VALENTINE, *dans la coulisse.*

Berthe!... Berthe!... vous ne venez pas?...

* M. B.

BERTHE, prenant son chapeau.

Ah! on m'appelle!... il faut que je te quitte!... A bientôt, n'est-ce pas?... car nous nous reverrons. (Elle rentre à gauche.)

SCÈNE IX.

MIMI, puis CHOUFLEURI.

MIMI, seule.

Toujours bonne!... toujours gracieuse comme autrefois... (Écoutant le piano.) Tiens! c'est le quadrille d'Orphée... Ah! voilà les frétillements qui recommencent... (Dansant comme malgré elle.) Tra la, la, la, la, la, la!...

CHOUFLEURI, paraissant *.

Une modiste!... Il y a peut-être quelque chose à faire!... Elle danse! (La reconnaissant.) Ah! l'ouvrière de la rue Vivienne...

MIMI, une jambe en l'air.

Tiens! le grand escogriffe!...

CHOUFLEURI, radieux.

Elle m'a reconnu!... c'est renversant!... Si je pouvais la lancer!... (Haut.) Voulez-vous une américaine de chez Binder?... Voulez-vous mes deux poneys?

MIMI.

Vous m'ennuyez!... Ah! à bas les pattes!

CHOUFLEURI.

Friponne, va!

MIMI.

J'ai un amoureux! Êtes-vous content?

CHOUFLEURI.

Un rival!

MIMI.

Oui... et il est plus beau que vous!

CHOUFLEURI.

Encore plus beau?...

MIMI.

Oui... et il m'est fidèle comme un caniche... et je l'aime... J'en raffole.

CHOUFLEURI.

C'est quelque trottin.

MIMI.

Lui?... C'est un artiste!

CHOUFLEURI.

Un cabot? Ah! fi! ah! pouah!

MIMI.

Un photographe!...

CHOUFLEURI.

Un photographe?...

* C. M.

MIMI.

Il est assez connu... Boulevard des Italiens... Charlemagne.

CHOUFLEURI, éclatant.

Charlemagne!.. Ah! elle est trop forte! Mais, je retrouverai donc partout... ce stéréoscope?... Avant hier, chez Finette... et aujourd'hui dans votre cœur?

MIMI.

Chez Finette!... Que dites-vous?

CHOUFLEURI.

Je dis que cet ignoble photographe vous trompe...

MIMI.

Comment!..

CHOUFLEURI.

Comment?... sans retouche... probablement.... Il est l'amant de Finette...

MIMI.

De Finette!...

CHOUFLEURI.

Une femme que j'ai lancée.

MIMI.

Allons donc! Vous dites ça pour tâcher de le supplanter. Mais ça n'est pas vrai.

CHOUFLEURI.

Pas vrai?

MIMI.

Non! C'est une craque!

CHOUFLEURI.

Vous croyez?... Eh bien, justement, je puis vous donner des preuves. (Tirant des lettres de sa poche.) Connaissez-vous son écriture? Tenez!...

MIMI.

Des lettres!...

CHOUFLEURI.

Oui, des lettres de votre Charlemagne, ce caniche de fidélité...

MIMI, lisant.

« Ma chère Finette... »

CHOUFLEURI, lisant une autre lettre.

Et celle-ci donc!... « Ma grosse Louloute... »

MIMI, lisant.

« Je t'aime, je t'adore!... » Ah! le monstre! Il me trompait... avec une Finette *!

CHOUFLEURI.

Oui... il m'a soufflé ma contre-marque.

MIMI.

Oh! le brigand!

* M. C.

CHOUFLEURI.

Le luxe de Finette, sa célébrité, ses pas andalous, tout cela l'a fasciné, entraîné. Cette femme est la reine des cabrioleuses... Méfiez-vous!...

MIMI, très-agitée.

Et moi qui refusais d'aller au bal!... J'irai... vous m'y conduirez.

CHOUFLEURI.

Comment donc!... avec plaisir!

MIMI.

Ce soir même... au Château des Fleurs.

CHOUFLEURI.

A tous les châteaux que vous voudrez. (A part.) O ma vengeance!

MIMI.

Ah! cette demoiselle est une cabrioleuse *! Eh bien, moi... j'inventerai quelque chose... Je ne sais pas encore quoi... mais ce sera... mirobolant.

CHOUFLEURI.

Ça sera renversant!

MIMI, frappée d'une idée.

Ah! j'ai un coup de pied de côté...

CHOUFLEURI.

Un coup de pied de côté!... Votre fortune est faite!... Je la lance! je la lance!

MIMI.

Ah! je vengerai les femmes que l'on abandonne pour des Finettes!...

MIMI.

Air d'HERVÉ.

Je veux des toilettes,
Et le bruit des fêtes,
Comme les Finettes
Je veux éblouir.
Au diable tristesse!
Vive la richesse!
Vive la jeunesse!
Pour la dégourdir
Il me faut l'ivresse
L'ivress' du plaisir!

Tremblez maintenant, tremblez, polkeuses et danseuses,
J'ai de plus que vous et la jeunesse et la beauté.
Tremblez devant moi, Finettes et cabrioleuses,
Fait's place à Mimi! place au coup de pied de côté!

MIMI.

Dans une heure, venez me prendre à mon magasin.

* C. M.

CHOUFLEURI.

C'est convenu!... Je la lance! je la lance!...

REPRISE DE L'ENSEMBLE.

MIMI.

A moi les toilettes, etc.

CHOUFLEURI.

A vous les toilettes,
Et le bruit des fêtes!
Comme les Finettes,
Sachez éblouir!...

(Mimi sort.)

CHOUFLEURI, seul et revenant en scène.

Quelle chance!... En voilà une enfin qui me fera honneur!... car, je puis me l'avouer à moi-même, jusqu'à présent, j'en ai pas fait mes frais... Mais, cette fois, je me flatte... Oh! j'entends ces dames!... amour et mystère! (Musique à l'orchestre jusqu'à la fin de l'acte.)

SCÈNE X.

CHOUFLEURI, BERTHE, VALENTINE, BOURGALANT, DE CERNY, puis PULCHÉRIE *.

(Les femmes sont au bras de leurs maris.)

BERTHE.

Comment! encore au cercle ce soir?

DE CERNY.

Il le faut, ma chère... c'est indispensable... Demande à Choufleuri.

CHOUFLEURI.

Oh! oui!...

DE CERNY, à part.

Georgina serait furieuse.

VALENTINE, à Bourgalant.

Toujours votre club!.. Ne sauriez-vous me le sacrifier pour aujourd'hui?

BOURGALANT.

Impossible, ma chère Valentine... J'ai des paris engagés... Demande à Choufleuri.

CHOUFLEURI.

Oh! oui!... oh! oui!.. (A part.) Est-ce que le fournisseur?..

BOURGALANT, à part.

Juliette m'arracherait les yeux.

PULCHÉRIE, avec fierté.

Palamède est couché, lui!... Voilà un homme qui rend sa femme heureuse!

* B. V. P. Ber. de C. Ch.

PAMPHILE, entrant, portant un verre sur une assiette *.

Le verre d'eau de Madame!... (Il le laisse tomber.) Tiens! le v'là cassé!

PULCHÉRIE.

Maladroit!

PAMPHILE, flegmatiquement.

Avec ça que vous ne cassez pas, vous!

PULCHÉRIE.

Insolent!... je vous chasse!.. Sortez à l'instant!.. entendez-vous?.. à l'instant!

PAMPHILE, à part.

Bon! me v'là libre! j'irai au bal!... (Il sort.)

BERTHE, qui a mis son chapeau de paille.

Ma tante, reconduisons Valentine jusqu'à la rue de Longchamps.

PULCHÉRIE, prenant également son chapeau.

Volontiers!

VALENTINE.

Ah! vous êtes mille fois bonnes toutes les deux.

BERTHE, à de Cerny.

Albert, ne rentre pas tard de ton cercle!...

DE CERNY.

Sois donc tranquille!

VALENTINE, à Bourgalant.

Monsieur Bourgalant, je ne m'endormirai que quand vous serez rentré.

BOURGALANT.

A minuit, heure militaire, je serai à Neuilly.

BERTHE.

Adieu, monsieur Choufleuri!

CHOUFLEURI, saluant.

Mesdames!...

VALENTINE, à Bourgalant.

Heure militaire?

BOURGALANT.

Heure militaire!... (Les dames sortent.)

DE CERNY.

Libre, enfin!... (Tirant sa montre.) Oh! je suis en retard!... Allons retrouver Georgina! (Il va prendre son chapeau.)

BOURGALANT, prenant le sien.

Allons retrouver Juliette!... Venez-vous, Choufleuri?... (Ils sortent.)

CHOUFLEURI.

Oui... oui, je vous suis. (A part.) Courons chercher la petite, et, de là, au Château des Fleurs!... Je la lance! je la lance!.. (Il sort aussi.)

* B. V. Pul. P. Ber. de C. Ch.

SCÈNE XI.

(Au moment où les trois hommes sortent, la porte de gauche s'ouvre mystérieusement; Dufrison passe la tête pour s'assurer qu'il est seul. — Puis il entre en scène. Il est comme transfiguré par une toilette insensée.)

DUFRISON.

Et maintenant... chez Alida la Phocéenne !... (Il sort sur la pointe du pied.)

ACTE DEUXIÈME.

Le Château des Fleurs.

SCÈNE PREMIÈRE.

PAMPHILE, assis à une table, à gauche, buvant et fumant, JEUNES GENS et JEUNES FEMMES, entrant en polkant, JULIETTE, GEORGINA et FLORENCE.

CHŒUR.

Air : *Polka des Vieilles-Gardes.*

Vive le bal!
Son joyeux bacchanal,
Du vrai plaisir est le signal.
Le paradis,
Lundis
Et mercredis,
Pour les polkeurs,
Est au Château des Fleurs!
(La musique continue piano.)

JULIETTE, entrant avec son danseur; ils s'asseyent à une table, à droite *.

Ah! que j'ai chaud!... Je boirais bien quelque chose. (Appelant.) Garçon!

UN GARÇON.

Voilà! voilà! Qu'est-ce qu'il faut servir à Madame?

JULIETTE.

Un soda, vivement; je meurs de soif! (Elle s'assied à une table.)

* P. J.

PAMPHILE, à part.

Tiens, c'est Julliette!... J'ai servi chez elle... mauvaise affaire!... Trop d'huissiers à la clef.

GEORGINA, entrant avec Florence par la droite *.

Je ne vois pas ces messieurs.

FLORENCE.

Bah!... ils viendront plus tard. Il est encore de bonne heure... T'es donc bien pressée?...

GEORGINA.

Ah! dame! c'est qu'on doit me donner un cachemire.

FLORENCE.

Ah! fichtre! je comprends ton impatience, alors ** !

PAMPHILE, à part, regardant Georgina.

Encore une ancienne bourgeoise à moi. (Se levant et allant à elle.) Madame Georgina...

GEORGINA.

Pamphile! ah bah!... toi, au Château des Fleurs?

PAMPHILE.

Je suis sans place... je suis venu au bal en chercher une... Je fume les régalias de mon dernier patron.

GEORGINA ET FLORENCE, riant.

Ah! ah! ah!

PAMPHILE, à Georgina.

Et vous, ça va bien?

GEORGINA.

Pas mal.

PAMPHILE.

Mettez-vous un peu d'argent de côté?... On n'est pas toujours jeune... faut penser à l'avenir.

GEORGINA, riant.

De la morale!...

PAMPHILE.

Sans façon, peut-on vous offrir quelque chose?

GEORGINA.

Merci!... nous n'avons besoin de rien...

PAMPHILE.

Ah!...

GEORGINA, bas à Florence.

Ces messieurs n'auraient qu'à venir...

PAMPHILE.

C'est égal, croyez-moi, vous la faites mauvaise...

GEORGINA.

Encore!...

FLORENCE.

Il est bon le domestique avec ses conseils!... (On entend une grande rumeur en dehors.) Tiens!... qu'est-ce que c'est que ça?

* P. G. F. J.

** P. F. G. J.

GEORGINA, regardant.

C'est Finette qui fait son entrée dans le bal.

PAMPHILE.

Finette, la reine des cabrioleuses?... Connue!

FLORENCE.

Est-ce qu'elle en tient toujours pour son photographe?

GEORGINA.

Charlemagne?... Toujours!... Ils ne se quittent pas... une vraie tocade, ma chère!...

PAMPHILE, à part.

Un artiste.... merci!... à Chaillot, les artistes!... (Il sort en fumant.)

SCÈNE II.

LES MÊMES, FINETTE, accompagnée de CHARLEMAGNE, et entourée par la foule *.

ENSEMBLE.

Air d'*Orphée*.

FINETTE.

C'est moi, (*bis.*) me voilà!
Moi, la cabrioleuse,
Moi, qu'on admira
C't hiver au bal de l'Opéra!
Par mes tourniquets vainqueurs,
Ma tulipe orageuse,
Je séduis les cœurs,
Et je règne au Château des Fleurs!

LES AUTRES.

C'est elle enfin, la voilà!
C'est la cabrioleuse!
Ell' qu'on admira
C't hiver au bal de l'Opéra!
Par ses tourniquets vainqueurs,
Sa tulipe orageuse,
Ell' séduit les cœurs,
Elle règne au Château des Fleurs!

FINETTE.

On me fête
Dès que j'entre en ce jardin.

CHARLEMAGNE.

Sa conquête
Est le rêve du gandin.

FINETTE.

On s' dispute
Mes regards, mes entrechats.

CHARLEMAGNE.

On s' culbute
Pour voir ses polkas.

* Ch. Fin. G. Fl.

FINETTE.

A bas, dans' rococotte,
Et les pas flambards
Des anciens chicards!

CHARLEMAGNE.

Tout ça c'est d' la cam'lotte,
Et son balancé
A tout distancé!

REPRISE ENSEMBLE.

FINETTE.

C'est moi (*bis*), me voilà! etc.

LES AUTRES.

C'est elle enfin, la voilà! etc.

TOUTES LES FEMMES, entourant Finette.

Bonsoir, Finette!

FINETTE, avec majesté.

Bonsoir, chères, bonsoir!... (Elle distribue des poignées de main.)

CHARLEMAGNE.

Est-elle choyée!... adulée!... une reine au milieu de sa cour!... Oh! cette Finette!... (A part, changeant de ton.) C'est égal, quand je songe à Mimi... moi qui avais promis de passer la soirée avec elle... à faire le bézigue du sentiment!

FINETTE.

Eh bien! Charlemagne, vous ne dites rien? A quoi pensez-vous donc?

CHARLEMAGNE.

Moi?... à rien... (A part.) Pauvre fille!... Elle doit être seule à travailler, tandis que moi...

FINETTE.

Vous avez ce soir une drôle de mine!... Est-ce que ça vous ennuie d'être venu au bal?

CHARLEMAGNE.

Du tout... au contraire... je m'amuse beaucoup!... Je suis très-gai, très-folichon... (Chantant.)

Folichons et folichonnettes...

FINETTE.

Gai? On ne le dirait pas... Je parierais que quelque chose vous tracasse.

CHARLEMAGNE.

Ah! par exemple!... voilà une idée!... J'en appelle à ces demoiselles... Voyons, est-ce que j'ai l'air d'un jeune homme tracassé?

GEORGINA ET FLORENCE.

Mais non!... mais non!

JULIETTE.

Je ne trouve pas.

CHARLEMAGNE.

La!... vous entendez. (Lui prenant la taille.) Grosse panthère, va!

FINETTE, remontant un peu vers la droite.

C'est bon!... (On entend une ritournelle.) Voici un quadrille... allons danser.

CHARLEMAGNE.

Volontiers!... Illico! (Il met ses gants.)

PLUSIEURS JEUNES GENS, s'approchant pour inviter Finette.

Finette!... charmante Finette!

FINETTE.

Merci!... j'ai un cavalier pour toute la soirée.

CHARLEMAGNE, à part.

Favori de la reine... comme Monaldeschi... C'est flatteur!

FINETTE.

Venez-vous, Charlemagne?

CHARLEMAGNE.

Voilà!... (A part, mettant toujours ses gants.) Après tout, je rigole... mais ça ne m'empêche pas d'aimer Mimi... Oh! Dieu! ma Mimi!...

FINETTE, s'impatientant.

Eh bien?

CHARLEMAGNE.

Voilà!... Bon! un gant de craqué!...

TOUS.

Au quadrille!...

REPRISE DU CHŒUR.

C'est elle enfin, la voilà! etc.

(Tout le monde sort en dansant par le fond, à droite; au même instant, on voit arriver par la gauche Choufleuri donnant le bras à Mimi, en élégante toilette.)

SCÈNE III.

CHOUFLEURI, MIMI, entrant de gauche *.

CHOUFLEURI.

Venez, jolie Mimi.

MIMI, à part.

Je ne me trompe pas!... c'est lui... c'est Charlemagne que j'aperçois là-bas... avec cette Finette, sans doute? (Elle quitte Choufleuri et va regarder à droite.)

CHOUFLEURI.

Vous me quittez?... Que regardez-vous donc?

MIMI.

On va danser... si nous y allions.

* C. M.

CHOUFLEURI.

Bah!.. nous avons le temps... Causons plutôt, pendant que nous sommes seuls.

MIMI, à part.

Au fait, la contredanse est commencée... attendons. (Haut.) Comment trouvez-vous ma toilette ?

CHOUFLEURI.

Renversante!

MIMI.

Et vous croyez que j'aurai ici du succès ?

CHOUFLEURI.

Un succès... renversant!

MIMI, à part.

Oh! si c'était vrai... si je pouvais attirer les regards, pour faire enrager ce monstre de Charlemagne !...

CHOUFLEURI.

Faisons nos petites conventions.

MIMI.

Quelles conventions ?

CHOUFLEURI.

Je vous ai offert une américaine de chez *Binder*.

MIMI.

J'ai refusé.

CHOUFLEURI.

Mais vous avez accepté mon bras.

MIMI.

Pour venir au bal... pour ce soir seulement.

CHOUFLEURI.

Du tout!... A perpétuité!

MIMI, se récriant.

A perpétuité!

CHOUFLEURI.

Parbleu! je l'entends bien comme ça!

Air : *Voulant par ses œuvres complètes.*

Je vous ai conduite à la danse ;
Mais je suis pour le positif,
Et dans le monde je vous lance
Comme on lance un ballon captif.

MIMI.

Comment?...

CHOUFLEURI.

Vous êt's sous ma tutelle
A tout jamais...

MIMI.

C'est un peu long.

CHOUFLEURI.

Je vous lance comme un ballon,
Mais je veux tenir la ficelle.

MIMI.

Permettez... je n'ai pas promis... Je prétends être libre *.

CHOUFLEURI, à part.

Ne l'effarouchons pas!.. Après le bal, je l'emmène souper, et, grâce au champagne... Garçon!... (Le garçon entre.)

MIMI.

Une glace!

CHOUFLEURI.

Et un bock!... Non! un chery gobler. (Ils s'asseyent à gauche.)

SCÈNE IV.

LES MÊMES, DE CERNY, GEORGINA, BOURGALANT, JULIETTE, puis DUFRISON avec ALIDA.

GEORGINA, à Juliette.

Viens donc par ici!... peut-être les apercevrons-nous... (Voyant entrer de Cerny et Bourgalant.) Enfin, vous voilà .. ça n'est pas malheureux **!

JULIETTE.

Nous désespérions de vous voir arriver.

DE CERNY.

Pardon!... Nous avons été retenus malgré nous.

BOURGALANT.

Une affaire importante... un dîner d'actionnaires...

JULIETTE.

Et mon bracelet?

BOURGALANT.

Le voici. (Il lui donne un écrin.)

JULIETTE.

Ah! qu'il est joli!... Vous êtes un amour.

CHOUFLEURI, qui causait avec Mimi, se retournant.

Ah bah!

DE CERNY ET BOURGALANT, contrariés.

Choufleuri!

CHOUFLEURI.

Le fournisseur est de Cer...

DE CERNY, l'interrompant et bas.

Chut!

CHOUFLEURI, bas.

Compris!

MIMI, à part.

Et cette contredanse qui ne finit pas!.. (Elle remonte et regarde au fond.)

* M. C.
** M. assise, Ch. de C. G. B. J.

CHOUFLEURI.

Comment, vous, au Château des Fleurs !... Et en bonne fortune, à ce que je vois ?

DE CERNY, présentant Georgina.

Mademoiselle Georgina.

CHOUFLEURI.

Ah! oui, la dame aux cerises.

BOURGALANT, présentant Juliette *.

Mademoiselle Juliette.

CHOUFLEURI, saluant.

J'ai déjà rencontré Mademoiselle dans le monde... chez Markowski.

BOURGALANT.

C'est là que j'ai eu le bonheur de faire sa connaissance. Ah çà ! mais, vous-même, vous n'êtes pas seul ici?

CHOUFLEURI, montrant Mimi.

C'est la petite ouvrière dont je vous ai parlé. Je la lance.

DE CERNY.

Bravo !

BOURGALANT.

Mon compliment !... C'est une jolie blonde !... J'adore les blondes !

JULIETTE, le pinçant.

Hein?... Plaît-il?

DUFRISON, entrant avec Alida **.

Ainsi que je vous le disais, belle dame, la girafe est inoffensive...

CHOUFLEURI.

Eh! mais, cette basse-taille?...

DE CERNY ET BOURGALANT, très-étonnés.

Dufrison!...

CHOUFLEURI.

Avec Alida!

DUFRISON, à part.

Diable! je suis démasqué!

DE CERNY.

Ah! ah! je vous y prends, monsieur le savant!...

BOURGALANT.

Monsieur l'homme rangé!

CHOUFLEURI.

Tartufe, va!

DUFRISON.

Que voulez-vous, chers bons, il faut bien semer quelques fleurettes sur le railway de l'existence. Je ne suis pas ennemi d'une folle gaieté. J'aime ces bals publics, où toutes les

* M. de C. G. Ch. B. J.
** M. de C G. Ch. A. D. B. J.

classes se confondent, où les espèces se heurtent... en un mot, cet éclectisme social, si j'ose m'exprimer ainsi... (Bas à Choufleuri.) Pas un mot à madame Dufrison, vous entendez?

CHOUFLEURI.

Soyez tranquille, c'est convenu. (On entend applaudir dans la coulisse.)

TOUS.

Quoi donc?... Qu'y a-t-il?

CRIS EN DEHORS.

Bravo! bravo, Finette!

MIMI, à part, avec dépit.

C'est elle!... ma rivale, qu'on applaudit *!

CHOUFLEURI, à part.

Finette!... une femme que j'ai lancée et qui m'a trahi!...

MIMI, à part.

Les voilà qui viennent de ce côté... (Allant prendre le bras de Choufleuri.) Soyez galant!... Offrez-moi votre bras.

CHOUFLEURI.

Ça me va!... ça me va parfaitement!... (A part.) De la jalousie!... Elle est à moi!...

SCÈNE V.

LES MÊMES, CHARLEMAGNE, FINETTE, PAMPHILE, JEUNES GENS et JEUNES FEMMES.

CHŒUR.

Air du *Punch Grassot.*

Tin, tin, tin! le joyeux quadrille!
Tin, tin, tin! ce pas de famille,
Tin, tin, tin, tin, tin, tin,
Nous mettrait en train
Jusqu'à demain matin.
Tin!

CHARLEMAGNE, entrant gaiement avec Finette **.

Ah! quel triomphe!... quel succès!... (S'arrêtant à la vue de Mimi.) Oh!

MIMI, à part.

Ah!... c'est lui!...

CHARLEMAGNE.

Mimi!...

FINETTE.

Hein?... Plaît-il?...

* Ch. M. de C. G. D. B. J.
** Chou. M. Char. Fin. Les autres au deuxième plan.

CHARLEMAGNE, à part.

Elle, ici... dans cette toilette!... et au bras de ce mirliflor!... (Il fait un pas vers elle.)

FINETTE, l'arrêtant.

Vous connaissez cette demoiselle?

CHARLEMAGNE, très-troublé.

Moi?... Oui... beaucoup... c'est-à-dire... un peu...

FINETTE.

Comment?...

MIMI.

Monsieur se trompe, sans doute... Je ne me souviens pas de l'avoir jamais vu.

CHARLEMAGNE, à part.

Elle me renie!... (Haut.) Vous ne m'avez jamais vu, moi, Charlemagne?...

CHOUFLEURI, à part.

Mon odieux rival!...

MIMI, froidement, s'asseyant à gauche.

Charlemagne?... Connais pas!

CHARLEMAGNE, à part.

Et Finette qui est là!... Forcé de me taire!... Sapristi!... quelle position!...

CHOUFLEURI, à part.

Je jouis de son aplatissement!

FINETTE, à Charlemagne.

Mais pour qui donc la preniez-vous?... Parlez! Je veux le savoir!...

CHARLEMAGNE.

Je la prenais... je la prenais... pour une autre, apparemment. (A part.) Oh!... j'aurai une explication avec elle!

FINETTE, à part.

Hum! Ceci n'est pas clair. (On entend de nouveau une ritournelle.)

TOUS.

Un quadrille!...

QUELQUES JEUNES GENS, à droite.

Allons, Finette, encore un pas!

TOUS.

Ah! oui, oui! Finette!

FINETTE.

Soit!... je le veux bien. (A Charlemagne, et voulant l'entraîner.) Donnez-moi votre main.

CHARLEMAGNE.

Mais toutes les places sont prises du côté de l'orchestre.

FINETTE.

Eh bien, nous danserons ici.

TOUS.

Oui, oui! en place!... en place!...

JULIETTE.

Allons, Dufrison! Allons, mon cher...

GEORGINA.

Faites vis-à-vis à Finette!

LES AUTRES.

Oui! oui!

DUFRISON.

Comment! vous voulez que?... Certainement, je ne suis pas ennemi d'une folle gaieté; cependant, je ne suis pas venu ici pour rigodonner.

BOURGALANT, le poussant.

Mais allez!... allez donc!...

DUFRISON.

Ah! mais non!... Non! (Il va s'asseoir.)

FINETTE, qui s'est placée avec Charlemagne.

Qu'est-ce qui me fera vis-à-vis?

MIMI, entraînant Choufleuri.

Un vis-à-vis?... Voilà!...

CHOUFLEURI.

Ah bah!... leur faire vis-à-vis... nous?...

MIMI, bas.

Certainement!... Je veux essayer mon coup de pied de côté.

CHOUFLEURI.

Comme je la lance!... (Ils se placent devant Mimi et Charlemagne *. — L'orchestre joue la première figure.)

CHARLEMAGNE, à part, tout en dansant.

Elle veut me narguer!

FINETTE, à part, tout en dansant.

C'est quelque ancienne passion, c'est sûr...

MIMI, à part, de même.

Oh! cette Finette!.. Si je pouvais l'éclipser... la détrôner!.. (L'orchestre joue la seconde figure.)

CHARLEMAGNE, bas, à Mimi, en traversant.

Mimi... c'est affreux!... c'est indigne!...

MIMI.

Vous dites, Monsieur?...

FINETTE, les observant.

Ils se parlent bas!... Mais à vous donc!... à vous, Charlemagne!

CHARLEMAGNE.

Voilà! (A Mimi.) Accepter le bras de ce gandin!

MIMI.

Vous êtes bien avec cette demoiselle?

FINETTE.

Mais allez donc, Charlemagne... Vous brouillez toutes les figures!

* Ch. et M. à gauche. Ch. et Fin. à droite.

CHARLEMAGNE.

Eh! voilà!... voilà!... (A part.) Ah! je bisque! (On joue la pastourelle.)

CRIS, parmi les danseurs.

La pastourelle!... (Puis, quand la pastourelle est entrain :) La dame seule!... Attention!...

JULIETTE.

Distingue-toi, Finette!

TOUS.

A Finette!.. à Finette!.. (Finette s'élance et exécute son pas de cabrioleuse. — On applaudit.)

MIMI, à part.

A moi, maintenant!...

CHARLEMAGNE, bas.

Ferme! de l'aplomb!

MIMI, bas.

Oui... oui... j'en aurai!... (La figure recommence.)

FINETTE ET LES AUTRES FEMMES, criant :

La dame seule!

CHOUFLEURI, se retournant vers les danseurs.

De l'indulgence!... c'est une débutante! (Tous les yeux sont fixés sur Mimi. Elle s'élance, exécute un pas fantaisiste et donne le coup de pied de côté. — Des applaudissements frénétiques éclatent.)

TOUS LES HOMMES, criant.

Bravo! bis!... bis!...

MIMI.

Je veux bien!... Allez, la musique! (L'orchestre recommence la figure, et Mimi exécute de nouveau le pas. — Explosion d'enthousiasme.)

CHOUFLEURI.

C'est renversant!

BOURGALANT.

C'est sublime!

DE CERNY.

C'est splendide!

DUFRISON.

C'est stupéfiant!

TOUS.

Le galop final! (Le galop commence, mais, dès les premières mesures, Finette pousse un cri.)

FINETTE.

Ah!...

TOUS.

Quoi donc? (La danse s'interrompt.)

FINETTE.

Je me suis tourné le pied... (On la soutient, elle s'assied à gauche.)

CHOUFLEURI, à part.

C'est une frime!

MIMI, à part.

Elle est vexée, j'ai réussi!

DUFRISON.

Luxation du muscle grêle... autrement dit, tendon d'Achille.

FINETTE.

Ne faites pas attention... ça ne sera rien. (Les hommes entourent Mimi pour la complimenter.)

PAMPHILE, à part.

Une étoile qui se lève!.. faudra que je tâche d'entrer chez elle!

CHOUFLEURI, enchanté, et à part.

Et c'est moi qui la lance!... (Criant.) Garçon, du champagne!

DE CERNY.

C'est ça! du champagne!

BOURGALANT.

Pour fêter le triomphe de notre nouvelle célébrité!

DUFRISON.

Maintenant, il importe de lui donner un nom.

MIMI.

Un nom?... Mais j'en ai un... je m'appelle Mimi.

CHOUFLEURI.

Mimi?... Permettez, ce nom ne suffit pas... il en faudrait un autre...

MIMI, cherchant.

Un autre?... attendez donc...

CHARLEMAGNE, qui s'est approché d'elle, et bas.

Et vous ne rougissez pas de faire de pareilles bamboches!...

MIMI.

Bamboche!... Tiens! c'est une idée!... Mimi-Bamboche.

TOUS.

Parfait!...

CHOUFLEURI.

Et bien! je porte un premier toast à Mimi-Bamboche!

TOUS.

Vive Mimi-Bamboche!...

FINETTE, à Charlemagne.

Sortons! (Ils sortent. — On a apporté le champagne. On verse, on boit, pendant la ritournelle des couplets suivants.)

MIMI.

PREMIER COUPLET.

Air nouveau de SYLVAIN MANGEANT.

L' temps des cabrioleuses
Est passé!

TOUS.

Est passé!

MIMI.

Et celui des bambocheuses
Commencé!

TOUS.

Commencé!

MIMI.

Vos danses démonétisées,
Même à Mabile, sont usées.
Entendez-vous
Le bruit si doux
De ces tintins, de ces glou-gloux?
(On frappe sur les verres.)
De mon triomphe c'est la cloche ! (*bis.*)
Place à Mimi! (*bis.*)
Place à Mimi-Bamboche !

TOUS.

Place à Mimi! (*bis.*)
Place à Mimi-Bamboche!

MIMI.

DEUXIÈME COUPLET.

Rire, c'est des bambocheuses
Le refrain.

TOUS.

Le refrain!

MIMI.

Laissant aux cabrioleuses
Le chagrin.

TOUS.

Le chagrin!

MIMI.

C'est avec son pied que l'on jette
A tous les diables sa cornette.
Du sort jaloux
Braver les coups
Par des tintins, par des glou-gloux,
(Bruit de verres.)
Et mettre son cœur dans sa poche,
Oui, mettre son cœur dans sa poche,
Voilà Mimi! (*bis.*)
Voilà Mimi-Bamboche !

TOUS.

Voilà Mimi., etc.

TOUS.

Vive Mimi-Bamboche !

CHARLEMAGNE, rentrant tout agité, et à part.

Enfin, j'ai pu m'échapper* !

MIMI, à part.

Lui !...

CHARLEMAGNE, s'approchant de Mimi.

Ce n'est pas ici votre place... allez-vous-en!

* Ch. M. Chou. les autres entourent.

CHOUFLEURI.

Hein!... comment! partir? Je m'y oppose.

CHARLEMAGNE.

Vous?... Qu'est-ce que vous réclamez?...

CHOUFLEURI.

Il est charmant!... Parbleu! je réclame Mimi.

CHARLEMAGNE.

Mimi?...

CHOUFLEURI.

Que je lance, dont je suis le cavalier...

MIMI.

C'est vrai!

CHOUFLEURI.

Et que vous avez trompée pour une autre.

MIMI.

C'est vrai!

CHOUFLEURI.

Elle a lu vos lettres à Finette.

CHARLEMAGNE.

Ah! brigand!... c'est donc toi qui les lui as montrées!... (Il le saisit au collet.)

TOUS.

Une querelle!

DUFRISON.

Une rixe!...

CHOUFLEURI, secoué par Charlemagne.

Prenez garde!... je suis fort!... je suis très-fort!... (Charlemagne l'entraîne; deux inspecteurs paraissent.)

PREMIER INSPECTEUR, s'approchant.

Eh bien! qu'est-ce donc?... une querelle?... (A Dufrison.) Est-ce vous, Monsieur, qui vous battiez?... (Il le fait pirouetter.)

DUFRISON.

Mais non!... mais non!... ce n'est pas moi...

TOUS, riant.

Ce n'est pas lui!...

CHOUFLEURI, rentrant avec un poche-œil.

Nous nous sommes expliqués...

L'INSPECTEUR, le voyant.

Ah! c'est donc vous qui vous êtes battu?

CHOUFLEURI.

Pardon!... on m'a battu...

L'INSPECTEUR.

Suivez-moi!

CHOUFLEURI.

Hein!... où ça?

L'INSPECTEUR.

Au poste. (On rit.)

CHOUFLEURI.

Au poste?... Mais, permettez!...

L'INSPECTEUR.

Marchons! (On l'entraîne.)

CHOUFLEURI, en sortant.

Je la lance!... je la lance!... (Il sort avec les inspecteurs.)

TOUS, riant.

Ah! ah! ah!

BOURGALANT, riant.

Ce pauvre Choufleuri!

MIMI.

M'en voilà débarrassée!... Troisième couplet!

TROISIÈME COUPLET.

MIMI.

(Air précédent.

Qu'ici le cliquot petille!
Bacchanal!

TOUS.

Bacchanal!

MIMI.

Recommençons un quadrille
Infernal!

TOUS.

Infernal!

MIMI.

Je suis la reine de la danse;
Ma loi c'est : Plaisir et bombance!
Amusons-nous,
Faisons les fous,
Au bruit si doux
De nos glou-gloux,
Que chacun perde la caboche! (*bis.*)
Gloire à Mimi! (*4 fois.*) Gloire à Mimi-Bamboche!

TOUS.

Gloire Mimi! (*bis.*) Gloire à Mimi-Bamboche!

(On trinque. — Mimi se laisse aller dans les bras de Dufrison et de Bourgalant.)

ACTE TROISIÈME.

Le boudoir de Mimi-Bamboche, très-élégant, porte au fond, placards de chaque côté, portes latérales.

SCÈNE PREMIÈRE.

PAMPHILE.

(Il entre en fumant, dépose des cartes dans une coupe, prend un fauteuil et s'assied.)

Je peux dire que j'ai de la chance!... Je suis son domestique... à elle... à la fameuse Mimi-Bamboche! Si elle veut m'écouter... en v'là une qui fera son affaire... Ah! si j'avais été femme, moi... j'en aurais des diamants... A l'heure qu'il est, je pourrais faire ma vente... (Il s'assied. — On sonne. — Il n'y prête aucune attention et continue.) J'aurais dit aux hommes : « Ça n'est pas tout ça... Avez-vous le sac? Non? Bien le bonsoir. » (On sonne à tour de bras.) La v'là qui s'impatiente... Qu'est-ce qu'elle veut donc?

SCÈNE II.

PAMPHILE, MIMI *.

(Elle entre de la droite. — Elle a une élégante robe de chambre.)

MIMI.

Pamphile!

PAMPHILE, très-calme.

Madame?

MIMI.

Eh bien!... vous n'entendiez donc pas?... Que faites-vous donc?

PAMPHILE.

Je fume.

MIMI.

Ici? En ma présence?..

PAMPHILE.

Oh! Madame... les domestiques fument tous chez ces demoiselles.

MIMI, souriant.

Je l'ignorais... Je te demande pardon, mon ami. (Elle va à la glace arranger sa coiffure.)

P. M.

PAMPHILE.

Oh! n'y a pas d'offense... Madame ne peut savoir tout. (Il se lève.) Il n'y a qu'un mois que Madame est entrée dans notre monde... Il est vrai que Madame fait fureur. Quel succès!

MIMI.

Et que dit-on de mademoiselle Finette?

PAMPHILE.

Finette!.. Démolie... et je n'en suis pas fâché.. Je ne l'aimais pas, celle-là... Une femme qui emprunte de l'argent à ses domestiques... Elle me doit trente francs, à moi.

MIMI.

A toi!

PAMPHILE.

Je dis qu'une femme qui carotte un domestique, c'est pas une femme.

MIMI, s'asseyant.

Est-il venu beaucoup de monde, aujourd'hui?

PAMPHILE.

Je crois bien... il y a un tas de cartes dans la coupe... Ah!.. et puis votre éditeur qui vous a écrit.

MIMI, prenant la lettre.

Donne donc!... (Elle lit.)

PAMPHILE.

Une fameuse inspiration que vous avez eue tout de même d'écrire vos Mémoires. Les hommes sont curieux de savoir comment une femme a commencé... Ils sont si bêtes!

MIMI, lisant.

« J'ai une idée qui, je crois, contribuera au succès de vos Mémoires... C'est de placer en tête de chaque exemplaire votre portrait photographié par une des meilleures maisons de Paris. »

PAMPHILE, qui a passé de l'autre côté du guéridon, et s'appuyant dessus *.

Tiens! c'est une bonne idée, ça!... Dites donc, Madame, parlez un peu de moi dans vos Mémoires.

MIMI.

Comment! tu veux?...

PAMPHILE.

Oui... ça me posera... et puis ça fera plaisir à ma famille. (Avec sentiment.) Oh! c'est que j'aime bien mes parents, moi!

MIMI, riant.

Ah! ah! pauvre garçon!

PAMPHILE, près de sortir.

Oh! oui! j'aime bien mes parents! (Il sort au fond.)

* M. P.

SCÈNE III.

MIMI, seule.

(Elle prend un manuscrit dans un meuble à gauche.)

Pensons à mes Mémoires !.. Les voici. (Ouvrant un tiroir.) Ce sont mes économies qui filent joliment, par exemple... mes pauvres six mille francs que j'avais amassés sou à sou pour mon mariage !... Il m'a fallu louer un appartement, payer des couturières... Ah! brigand de Charlemagne, tu aurais mérité... (Elle s'arrête.) Allons, relisons les épreuves.

Air : *Complainte de Gil-Blas.*

Voici le chapitre douze,
Où je narre aux lecteurs
Mes malheurs,
Tra, la, la, la, la, la!
Et pourquoi je fus jalouse
D'un très-mauvais sujet
Qui m' trompait.
Tra, la, la, la, la, la!
Il me laissait pour Finette
Dont la danse longtemps régna.
Dire que pour une pirouette
Un homme peut vous plant'er là!
Pour vaincre mes ennemies,
Qu'a-t-il fallu? des entrechats ;
Et, grâce à mes économies,
J'ai du chic et des falbalas.
Pauvre femmes, que nous sommes!
On nous laisse, avec soin,
Dans un coin.
Tra, la, la, la, la, la!
C'est pour d'autres que nos hommes
Vont faire les gandins,
Les gredins!
Tra, la, la, la, la, la.
Ce luxe, je ne l'affiche
Que pour punir mon amoureux ;
Pour ceux qui me croient une biche
Mes Mémoires sont curieux.
Mimi veut rester rosière,
On peut lui donner, sans danger,
Au prochain concours de Nanterre,
Le premier prix d' fleur d'oranger.
Tel est le chapitre douze,
Où je narre aux lecteurs
Mes malheurs,
Tra, la, la, la, la, la!
Et pourquoi je fus jalouse

D'un très-mauvais sujet,
Qui m' trompait.
Tra, la, la, la, la, la!

(S'asseyant.) Où est-il maintenant, ce gueux de Charlemagne?.. que fait-il?... Oh! je veux qu'il souffre, qu'il pleure... Je veux me venger *!

PAMPHILE, entrant.

Madame, c'est de la part de votre éditeur.

MIMI, passant à droite.

Faites entrer! (Charlemagne paraît.— Il a sous son bras sa boîte de photographe.— Son costume, quoique assez propre, annonce une débine naissante.

MIMI, se levant.

Charlemagne!.. (A Pamphile.) sortez, Pamphile.

SCÈNE IV.

MIMI, CHARLEMAGNE *.

ENSEMBLE.

Air de *l'Etoile du Nord*.

MIMI.

O rencontre imprévue!
Vraiment, j'ai l'âme émue;
Mon cœur bat tour à tour
De dépit (*bis*) et d'amour!

CHARLEMAGNE.

Ah! vraiment, à sa vue,
Je me sens l'âme émue;
Mon cœur bat tour à tour
De dépit (*bis*) et d'amour!

(Charlemagne, sans dire un seul mot, dispose, à gauche, sa boîte sur un pliant qu'il a apporté.)

MIMI, à elle-même.

Que va-t-il me dire? (Charlemagne tire le rideau, ouvre la fenêtre pour donner du jour et revient à sa machine.)

MIMI, à elle-même.

Rien!... il ne dit rien!...

CHARLEMAGNE, très-glacial.

Mademoiselle, honoré de la confiance de MM. Petit et Trinquart, j'ose me présenter devant vous pour vous photographier dans la pose qui vous est familière. Veuillez avoir l'obligeance de lever le pied, s. v. p.

MIMI, interdite.

Mais...

* M. P.
** C. M.

CHARLEMAGNE.

Je suis photographe, Mademoiselle; mes affaires n'ont pas prospéré... J'ai mangé ma maison... et je travaille chez les autres. Ayez la bonté de lever... (Avec émotion.) ce que j'ai eu l'honneur de vous dire.

MIMI, froidement.

Eh bien, puisque c'est comme ça, voilà!.. (Elle lève légèrement le pied, et prend une pose gracieuse.)

CHARLEMAGNE, contemplant le pied de Mimi, et à part.

A-t-elle un joli pied!.. Finette avait des poteaux... on aurait pu écrire dessus : « Route de Clichy... 1/2 kilomètre. »

MIMI, posant.

Ah! mais... c'est fatigant!

CHARLEMAGNE, éclatant.

Vous n'avez pas de honte!.. Comment, c'est ici que je vous retrouve... vous... une jeunesse que tout le monde estimait! vous... la gloire de la rue Vivienne! vous avez osé?..

MIMI, les bras croisés.

Et Finette?

CHARLEMAGNE, calmé.

Finette?.. (Se grattant le front.) Ah! oui... Finette...

MIMI.

Ma rivale... pour qui vous me trompiez...

CHARLEMAGNE.

Ah! tous les jours on trompe une femme, et on l'aime tout de même... ça se fait dans la meilleure société... Je vous ai trompée... parce que je croyais que vous ne le sauriez pas.

MIMI.

Ah! la belle raison!

CHARLEMAGNE.

Ce sont des nuances que les femmes ne comprennent pas. Mais votre conduite, à vous? Voilà qui est horrible! Vous logez rue de la Boule-Rouge, Madame!

MIMI, roulant une cigarette entre ses doigts.

Vous permettez, mon cher?

CHARLEMAGNE.

Et vous fumez des cigares!...

MIMI, lui tendant le pot au tabac.

Voulez-vous du tabac?

CHARLEMAGNE.

Ah! Mimi, est-ce bien possible?.. Et vos serments, Mimi, vos serments?..

MIMI, froidement et s'asseyant, elle fume.

Et Finette?

CHARLEMAGNE.

Toujours Finette! Mais je ne l'aime pas... mais je l'abomine... Ah! dites-moi donc franchement les choses... Vous aussi, vous voulez des voitures, des toilettes... et tout le bataclan.

MIMI, se levant.

Et quand cela serait?

CHARLEMAGNE.

Mais moi je ne veux pas que ça soit!... Je m'y opposerai, je tuerai tout le monde... Finette, vous, moi... et ce Choufleuri! oh! le Choufleuri!..

MIMI.

Et de quel droit? Ne suis-je pas libre?

CHARLEMAGNE.

Non...

MIMI.

Ne m'avez-vous pas donné l'exemple?

CHARLEMAGNE.

Si .. Mais ça m'est égal.

MIMI.

Ah! parce que j'étais une petite grisette très-tranquille *... vous me plantiez là pour reverdir... Ah! il faut du chic à Monsieur! Eh bien, moi aussi, j'en aurai!

CHARLEMAGNE, criant.

Taisez-vous!

MIMI, criant aussi.

Non, non, non!

Air de *Gil-Blas* (N'AI-JE PAS COMME MA MAÎTRESSE).

Je veux avoir de la toilette,
Des bijoux, des chevaux,
Des rentes, des châteaux.
Je veux faire comme Finette,
En dansant m'enrichir;
Ce sera vous punir. (*ter.*)
Ainsi que vos lorettes,
J'ai bien quelques appas;
Je ferai des conquêtes...
Pourquoi pas?

CHARLEMAGNE, à part.

Ah! si je pouvais taper sur quelqu'un!

MIMI, à part.

il enrage, tant mieux **!..

CHARLEMAGNE, se calmant.

C'est bien, Mademoiselle... L'amant outragé disparaît... vous n'avez plus devant vous que le photographe... le représentant de la maison Petit et Trinquart. Je vais vous photographier... (A part.) Et dire que le soleil sert à ces choses-là!.. Gredin de soleil!.. (Haut.) Allons, mademoiselle Mimi-Bamboche... je suis prêt... Prenez une pose!

* M. C.
** C. M.

SCÈNE V.

LES MÊMES, CHOUFLEURI.

CHOUFLEURI, paraissant *.

Une pose?.. Voilà! (Il se jette aux pieds de Mimi.) Hercule et Omphale! Daphnis et Chloé...

CHARLEMAGNE, exaspéré.

Lui!... le Choufleuri! Tiens!.. (Il lui donne un coup de pied.)

CHOUFLEURI.

Un soufflet!.. (Se relevant, et se coiffant fièrement.) Encore le photographe **!

CHARLEMAGNE.

Toujours! méchant gandin!.. Ah! qu'il est vilain!

MIMI, essayant de le calmer.

Charlemagne!

CHOUFLEURI.

Vous me le payerez!

CHARLEMAGNE.

Voilà!.. (Il lui donne un renfoncement; la tête de Choufleuri disparaît complétement dans le chapeau; Choufleuri fait d'inutiles efforts pour l'en dégager. — Mimi éclate de rire.)

CHOUFLEURI.

Monsieur, vous m'en rendrez raison!

CHARLEMAGNE.

Tout de suite! Allons-y!..

CHOUFLEURI.

Un duel!.. Je la lance!..

ENSEMBLE.

Air de *Wallace*.

CHOUFLERI ET CHARLEMAGNE.

Ah! c'est une infamie!
Mais il me le paira.
D'une insulte inouïe,
Mon bras se vengera!

MIMI, à part.

Oui, cette comédie,
Bientôt se dénoûra;
Ma feinte perfidie,
Pour lui s'éclaircira.

(Charlemagne sort en entraînant Choufleuri, qui fait plus que jamais de vains efforts pour sortir sa tête de son chapeau.)

* Char. Chou. M.
** Chou. Char. M.

SCÈNE VI.

MIMI seule, puis BOURGALANT, puis DUFRISON, puis DE CERNY.

MIMI, avec joie.

Un duel?.. Après tout, je ne crains rien pour Charlemagne! Oh! mon Charlemagne!.. Il est jaloux!.. il m'aime encore!

PAMPHILE, paraissant.

Madame, c'est M. Anatole.

MIMI, assise, à gauche.

Faites entrer.

BOURGALANT, paraissant un gros bouquet à la main *.

Seule?.. Oh! bonheur! (A Pamphile.) Tiens, mon garçon.

PAMPHILE, au fond, et à part.

Vingt francs! Et on veut que je serve dans les maisons honnêtes? Oh! la, la! (Il sort.)

BOURGALANT, offrant son bouquet.

Charmante Mimi...

MIMI.

Oh! quel jardin!

BOURGALANT.

Enfin, je vous trouve sans votre meute d'adorateurs... je puis vous ouvrir mon âme, vous dire...

PAMPHILE, reparaissant.

Madame, c'est M. Raoul.

BOURGALANT.

Un importun!.. Renvoyez-le...

PAMPHILE.

J'ai dit que Madame y était.

MIMI, à Bourgalant.

Vous voyez... c'est impossible! (Allant ouvrir un placard à gauche.) Tenez, entrez là...

BOURGALANT, avec effroi.

Là-dedans!.. Mais je vais étouffer!..

MIMI.

Oh! un instant seulement.

BOURGALANT.

Allons... Mais renvoyez-le vite... (Il entre dans le placard.)

MIMI.

Je vous le promets. (Elle pousse la porte. — A Pamphile.) Faites entrer M. Raoul. (Elle va s'asseoir à droite.)

* M. B. P.

DUFRISON, paraissant, il a un bouquet énorme à la main *.

Seule! elle est seule? (A Pamphile.) Prends ceci, mon drôle.

PAMPHILE, à part.

Vingt francs... Ah! le Dufrison qui finance. (Il sort.)

BOURGALANT, entr'ouvrant la porte.

Dufrison!.. Ah! le gueux! (Il la referme.)

DUFRISON.

Belle dame, permettez-moi de vous offrir ces fleurettes... Ce sont vos sœurs, belle dame, ce sont vos sœurs.

MIMI, prenant le bouquet.

Ah! vous êtes galant, M. Raoul.

DUFRISON, à part.

Je me fais appeler Raoul chez les friponnes. (Haut.) Chère belle dame, quand cesserez-vous d'être cruelle à l'égard d'un homme qui, en un mot, et si j'ose m'exprimer ainsi...

MIMI.

Vous m'aimez?..

DUFRISON.

Si je vous aime! Mais, depuis un mois, je maigris à vue d'œil?.. C'est à ce point, belle dame, que je ne saurais plus (pardonnez-moi l'expression), mettre mes paletots de l'année dernière... je *bâlotte* dedans, je *bâlotte* dedans!.. L'amour me *momifie*, belle dame... Ce matin encore, Pulchérie me disait...

MIMI, se levant.

Pulchérie?

DUFRISON, à part.

Aïe! j'ai fait un impair. (Haut.) Oui, Pulchérie... mon valet de chambre... un Italien... Pulchéri-Pulcherino...

MIMI, s'esseyant en riant.

Ce pauvre monsieur Raoul!

DUFRISON.

Tenez... belle dame, je me jette à vos pieds...

PAMPHILE, reparaissant.

Madame, c'est monsieur Albert.

DUFRISON.

Allons, bon! voici les gêneurs!

MIMI, se levant avec agitation.

M. Albert? Il faut que je le voie... que je lui parle. (Allant ouvrir un placard, à droite. — A Dufrison.) Tenez, entrez là...

DUFRISON.

Me fourrer dans un placard?.. Ah! belle dame!..

MIMI.

Une seconde seulement!... vite... vite... (Elle le pousse.)

DUFRISON, obéissant avec répugnance.

Renvoyez vite cet intrus... Ah! elle est mauvaise! (Mimi pousse la porte du placard sur lui.)

* D. M.

MIMI, à Pamphile.

Faites entrer.

ALBERT, paraissant un bouquet à la main. — A Pamphile.

Tiens, mon garçon... (Lui offrant son bouquet *.) Ma chère Mimi...

BOURGALANT, qui entr'ouvre sa porte, à part.

De Cerny!.. (Il disparaît.)

DUFRISON, entr'ouvrant aussi la sienne, à part.

Mon neveu! (Il disparaît.)

MIMI, repoussant le bouquet.

Non... je refuse vos fleurs... monsieur de Cerny.

DE CERNY.

Mon nom!

MIMI.

On me l'a appris hier... aux courses.

DE CERNY.

Eh bien, qu'importe mon nom?..

MIMI.

C'est celui de ma protectrice... de ma compagne d'enfance... de mademoiselle Berthe...

DE CERNY.

Berthe!

MIMI.

Mais tous les hommes sont donc les mêmes!.. Tromper une petite femme si charmante, si douce!...

DE CERNY, riant.

Trop douce, parbleu!

MIMI.

Vous osez rire!..

DE CERNY.

Que veux-tu, ma chère... Le mariage, c'est la prison.

BOURGALANT, à part.

Oh! oui!..

DUFRISON, à part.

Oh! oui!..

DE CERNY.

Vive la liberté!.. Vive le caprice!.. Vive l'amour!.. (Il lui prend la taille **.)

MIMI.

Laissez-moi... c'est indigne!

PAMPHILE, entrant, il est très-pâle.

Madame!.. monsieur Albert!

DE CERNY.

Bon Dieu! qu'elle mine effarée?

PAMPHILE.

Ah! si vous saviez...

* M. de C.
** C. P. M.

DE CERNY.

Quoi donc?

PAMPHILE, bas, à Mimi.

C'est sa femme, madame de Cerny!

MIMI, à part.

Saurait-elle?.. (A de Cerny.) Partez... il le faut... ne revenez plus.

DE CERNY.

Ah! ma petite Bamboche, tu me chasses?

MIMI.

Partez, au nom du ciel!

DE CERNY.

Allons, puisque tu le veux...

MIMI.

Non, pas par là!.. Tenez, passez par ce salon, vous trouverez l'escalier dérobé. (Elle ouvre une porte, à droite, troisième plan.)

DE CERNY, riant.

Ah çà! quel est donc ce grand mystère? C'est égal, je reviendrai... malgré toi, Mimi... car je t'aime! (Il sort.)

MIMI, tremblante.

Partez, partez!.. Ah! enfin!.. (Berthe et Pulchérie, voilées toutes deux, entrent en scène. — Mimi fait signe à Pamphile de sortir. — Les deux femmes lèvent leurs voiles.)

DUFRISON, à part.

Pulchérie! (Il disparaît.)

SCÈNE VII.

LES MÊMES, PULCHÉRIE, BERTHE *.

BERTHE, à part.

Ah! je suis toute tremblante!

PULCHÉRIE, à part.

Quel luxe effronté!.. où allons-nous, mon Dieu!

MIMI.

Vous ici, Madame... chez moi?

BERTHE, avec émotion.

Oui, je suis venue... avec ma tante.

PULCHÉRIE, sévèrement.

J'escorte toujours ma nièce. Je suis son garde du corps.

MIMI.

Ah! elle n'a pas l'air aimable, la tante!

BERTHE.

Mimi, ce que je vais te dire te semblera bien fou, bien bizarre. J'ai hésité longtemps à venir te trouver... mais il pa-

* P. B. M.

raît que tu danses... dans certains bals... que tu as des succès... et toi seule peux me rendre l'étrange service que je viens réclamer.

PULCHÉRIE.

Étrange... c'est le mot. (Elle s'assied à gauche.)

MIMI, étonnée.

Un service?.. (Avançant un siége.) Oh! parlez, Madame *.

BERTHE.

Depuis quelque temps, mon mari est distrait, préoccupé, j'ignore ce qu'il peut avoir...

MIMI, à part, avec joie.

Elle ne sait rien!

BERTHE.

Mais il me semble qu'il se dérange, qu'il ne m'aime plus.

MIMI.

Oh! Madame!

PULCHÉRIE.

Ces hommes!.. tous les mêmes!

BERTHE.

J'ai cherché ce qui me manquait pour être aimée.

MIMI.

Mais, il ne vous manque rien?

PULCHÉRIE.

Certes!

BERTHE.

Il paraît que si...

MIMI.

Vous êtes bonne...

BERTHE.

Je crois qu'oui...

MIMI.

Vous êtes jolie...

BERTHE.

Je crois qu'oui... Je suis musicienne, je dessine, je sais l'anglais, l'italien...

PULCHÉRIE.

Une éducation superbe!

BERTHE.

Et, malgré tout cela, Albert s'ennuie.

MIMI.

Dame! peut-être aussi ne lui donnez-vous pas assez de distractions?

PULCHÉRIE.

Pas de distractions?.. Allons donc!

BERTHE.

Mon Dieu, si!.. Nous sommes allés en soirée... au bal...

* P. M. B.

PULCHÉRIE.

Plus de dix fois... cet hiver!

MIMI.

Eh bien?

BERTHE.

Il bâillait tout le temps!

MIMI.

Vraiment?.. (A part.) Il ne bâille pas chez nous.

BERTHE.

Je l'ai quelquefois prié de danser...

MIMI.

Eh bien?

BERTHE.

Il a dansé... mais, avec résignation... d'un air ennuyé.

MIMI.

Je comprends!.. Après ça, voyons, comment dansez-vous?

PULCHÉRIE.

Ah! jolie question!

BERTHE, se levant.

Mais, dame... comme on danse dans le monde... comme ceci... (Elle fait un avant-deux modeste et réservé *.)

MIMI.

Oh! alors, ca ne m'étonne plus!.. Ça n'est pas danser ça, c'est marcher!

PULCHÉRIE, se levant.

Ne voulez-vous pas que ma nièce fasse de la gymnastique?

BERTHE.

Alors, je me suis dit : « Puisque les hommes d'aujourd'hui font des succès, des triomphes à certaines danses, peut-être que, pour leur plaire, c'est comme cela qu'il faut danser... » Et je suis venue à toi, ma chère Mimi, pour que tu me donnes quelques conseils.

PULCHÉRIE.

Et en être réduites là!

BERTHE.

Oh! apprends-moi à danser, Mimi... apprends-moi à danser!...

MIMI.

Eh bien! oui, je vous donnerai des leçons... mais, heureusement pour vous, je crois que vous n'avez pas de vocation.

BERTHE, les larmes aux yeux.

Ah! ma tante, je n'ai pas de vocation!

PULCHÉRIE.

Mais, comme dit Mademoiselle, heureusement pour toi, cher ange!.. Ah! ces maris!.. Il est vrai que Palamède... mais, c'est un professeur!..

* P. B. M.

VOIX DE VALENTINE.

Laissez-moi... je vous dis que j'entrerai ! (La porte s'ouvre, Valentine paraît.)

SCÈNE VIII.

LES MÊMES, VALENTINE *.

BERTHE ET PULCHÉRIE.

Valentine !

BOURGALANT, à part.

Ma femme ! (Il rentre sa tête.)

VALENTINE.

Vous ici, chères bonnes, chez Mademoiselle?.. Gageons que le même motif nous amène. (Riant.) Oui, M. Bourgalant ne parle plus que de quadrilles, de coups de pied de côté... que sais-je, moi?.. Et pour garder monsieur mon cher mari... je vais apprendre.

PULCHÉRIE ET BERTHE.

Comment, vous aussi?

MIMI, à part.

Mais c'est une fureur !

SCÈNE IX.

LES MÊMES, CHOUFLEURI, puis CHARLEMAGNE *.

CHOUFLEURI, entrant.

Victoire! victoire!... Je suis blessé! (Il a au bout du nez un morceau de taffetas noir d'Angleterre.)

BERTHE.

Monsieur Choufleuri !

CHOUFLEURI.

Ces dames... ici !... (Saluant.) Mesdames...

MIMI.

Vous êtes blessé?

PULCHÉRIE.

Ah ! grand Dieu !

CHOUFLEURI, avec orgueil.

Ça se voit, hein ? Il y a des gens qui sont blessés... ça ne se voit pas... moi, ça se voit... (A part.) Je la lance! je la lance!...

MIMI.

Vous vous êtes donc battu?

* M. V. B. P.
** M. Ch. V. B. P.

CHOUFLEURI.

Avec le photographe!... dans les carrières Montmartre.. près d'une platrière... J'ai même failli débouler.

MIMI.

Mais Charlemagne, mon Charlemagne, que lui est-il arrivé?.. Ah! je cours... (Musique.)

CHARLEMAGNE, entrant comme la foudre.

Où sont-ils?.. où sont-ils *?

MIMI.

Lui!..

CHARLEMAGNE.

Ça sent la chair fraîche, ici... Le portier m'a dit qu'il était venu trente-six personnes... Je les veux!... Où sont-ils?..

MIMI.

Charlemagne, écoutez-moi.

CHARLEMAGNE.

Laissez-moi... je ne vous écoute plus!... Où sont-ils?... (Avisant le placard de gauche.) Ah! là, on a remué... (Ouvrant le placard.) Sortez, Monsieur!.. (Bourgalant paraît.)

VALENTINE.

Mon mari!... Ah!... (Elle tombe sur un sofa, à gauche, prise d'une attaque de nerfs.)

BOURGALANT, lui tapant dans les mains **.

Valentine!.. ma femme!..

MIMI.

Sa femme!

CHARLEMAGNE.

Ça fait un... Il y en a encore trente-cinq. Ah! là, on a remué!.. (Il s'élance vers le placard de droite et tire la porte; mais Dufrison tire de son côté avec énergie. — Lutte comique dans laquelle Dufrison paraît, disparaît, et reparaît tour à tour. Enfin la victoire est à Charlemagne, et Dufrison, les vêtements en désordre, est lancé violemment en scène.)

PULCHÉRIE.

Ah!.. Palamède dans un placard!

DUFRISON.

Bonne amie, il pleuvait...

CHARLEMAGNE, à Mimi.

Maintenant, tout est fini entre nous, Mimi-Bamboche!... Adieu pour toujours!.. (Il sort.)

MIMI.

Charlemagne!.. (Elle tombe dans les bras de Choufleuri.)

CHOUFLEURI.

Je l'ai trop lancée!.. (Pulchérie et Valentine poussent des cris. — Pamphile entre et regarde tranquillement ce tableau.)

* M. Chou. Char. V. B. P.
** Bour. V. Ber. P. M. Chou. Char.

ACTE QUATRIÈME.

Le vestibule du théâtre du Palais-Royal : au fond, le bureau de location et les deux portes vitrées qui donnent sur la galerie; à gauche, l'escalier conduisant au théâtre; à droite, le vestiaire et une grande affiche, avec ces mots : THÉATRE DU PALAIS-ROYAL, *débuts de mademoiselle Mimi-Bamboche*, etc., etc.; près de l'escalier, sur un support, le plan en carton de la salle.

SCÈNE PREMIÈRE.

LA BURALISTE, dans le bureau; UN GARÇON DE THÉATRE, balayant l'escalier; PERSONNES venant pour louer des billets; puis PAMPHILE.

(Au lever du rideau, la foule encombre le bureau de location. Quelques-uns lisent l'affiche. Un bourgeois examine le plan de la salle avec attention.)

CHŒUR.

Air :

Enfin, le moment approche;
Ce soir, au Palais-Royal,
Débuts de Mimi-Bamboche,
Ça doit être original!

UN MONSIEUR, lisant l'affiche.

« Théâtre du Palais-Royal; débuts de mademoiselle Mimi-Bamboche... » (A un autre monsieur qui se trouve près de lui.) Savez-vous si la pièce est littéraire?

DEUXIÈME MONSIEUR.

Bah! littéraire!... je m'en fiche pas mal... Moi, dans les pièces, je ne tiens qu'à une chose, c'est à ce qu'on danse.

PREMIER MONSIEUR, qui examinait le plan, s'approchant du bureau de location.

La baignoire n° 3?

LA BURALISTE.

Elle est prise... Le n° 5, si vous voulez?

LE PREMIER MONSIEUR, réfléchissant.

Le 5?... Y est-on bien?..

LA BURALISTE.

Elle est de quatre personnes.

LE PREMIER MONSIEUR.

Nous sommes trois.

LA BURALISTE.

Eh bien, tant mieux! la quatrième personne ne verrait pas.

LE PREMIER MONSIEUR.

Voyons donc!.. (Il retourne examiner le plan.)

PAMPHILE, entrant avec des cartons et un cigare à la bouche.

La loge de mam'selle Mimi?... J'apporte ses bibelots pour ce soir.

LA BURALISTE, d'un ton brusque.

Par l'entrée des artistes, rue Montpensier... Adressez-vous au concierge.

PAMPHILE.

Le pipelet?... Où ça?...

LE GARÇON DE THÉATRE, qui a fini de balayer.

Montez par ici... je vas vous conduire... Jetez donc votre *cigale*... On ne fume pas ici.

PAMPHILE.

Ah!... C'est embêtant, alors!... (Il jette son cigare; le garçon le ramasse et le met dans sa poche. Ils sortent par l'escalier.)

LE PREMIER MONSIEUR, revenant.

Décidément, donnez-moi le 5.

LA BURALISTE, qui, pendant ce qui précède, a servi diverses personnes.

Je viens de le louer.

LE PREMIER MONSIEUR.

Diable!...

LA BURALISTE.

Voulez-vous le n° 11?..

LE PREMIER MONSIEUR.

Le 11?... Y est-on bien?... Attendez que je voie. (Il retourne examiner le plan. Quelques personnes sortent avec leurs coupons, d'autres entrent pour louer. — Mouvement.)

REPRISE DU CHŒUR.

Enfin, le moment approche, etc.

SCÈNE II.

LA BURALISTE, FOULE, CHOUFLEURI, UNE BOUQUETIÈRE, puis LE CHEF DE CLAQUE.

LE PREMIER MONSIEUR, à la buraliste.

Le n° 11... je vais me consulter et je reviens. (Il sort.)

CHOUFLEURI, entrant avec une bouquetière *.

C'est bien entendu, ce soir, deux bouquets lancés, des avant-scènes des secondes, à la débutante...

LA BOUQUETIÈRE.

Bien, Monsieur... C'est 20 francs...

CHOUFLEURI.

Bigre!... (Donnant un louis à la bouquetière.) Tenez... voilà.

* La b. Ch.

LE CHEF DE CLAQUE, arrivant par l'escalier.

Ah! ah!... je crois que nous aurons du monde, aujourd'hui...

LA BOUQUETIÈRE.

Tiens, c'est le chef de claque.

LE CHEF DE CLAQUE.

Bonjour, la petite mère. (La bouquetière sort*.)

CHOUFLEURI, à part.

Le chef de claque!... N'oublions pas ce détail. (S'approchant du chef de claque.) Deux mots, s'il vous plait.

LE CHEF DE CLAQUE.

Quatre, si ça vous est agréable.

CHOUFLEURI.

Je m'intéresse à Mimi... C'est moi qui la lance.

LE CHEF DE CLAQUE.

Compris!... Et vous désirez qu'on la chauffe?...

CHOUFLEURI.

Voilà!... Je voudrais qu'elle eût un début renversant!

LE CHEF DE CLAQUE.

Un succès de première classe : murmure approbateur à son entrée, trois salves d'aplaudissements après le pas, et rappel à la sortie.

CHOUFLEURI.

C'est ça même. Je voudrais des ah! ah! ah!... comme pour Mélingue. Qu'est-ce que ça vaut une machine à la Mélingue?

LE CHEF DE CLAQUE.

Monsieur, je m'en rapporte à vous et vous serez content!

CHOUFLEURI.

Eh bien, c'est ça! (Le chef de claque sort. — A part, sur le devant.) Un louis pour les bouquets... trois pour les applaudissements... six pour abonnements aux petits journaux de théâtre... De plus, un dîner chez Brebant au directeur et aux acteurs qui jouent dans la pièce... et ces gens-là mangent que c'en est effrayant!... C'est environ cinq cents francs que me coûte son début... sans compter une stalle de six francs... A propos, dépêchons-nous de la prendre... On a dû me faire inscrire pour un fauteuil d'orchestre?

LA BURALISTE.

Quel nom?...

CHOUFLEURI.

Choufleuri... Anténor de Choufleuri... Chou, sans x...

LA BURALISTE, après avoir regardé la feuille.

Je n'ai rien à ce nom-là.

CHOUFLEURI.

Comment?... Mais le directeur m'avait promis...

* Chou. le Ch.

LA BURALISTE.

Ah bien ! oui, le directeur!... Il a bien le temps de penser à tout ça. .

CHOUFLEURI.

Alors, marquez-moi un fauteuil...

LA BURALISTE.

Il n'y en a pas...

CHOUFLEURI.

Hein?...

LA BURALISTE, criant et se levant.

Il n'y en a pas!... (Elle se rassied.)

CHOUFLEURI.

Par exemple!... c'est un peu fort!...

LA BURALISTE.

Cependant, si vous voulez un strapontin?...

CHOUFLEURI.

Un strapontin?... Merci!... Je les connais vos strapontins... des mécaniques qui vous tapent dans le dos... Elle est mau*voise*, elle est mau*voise*!.. Je vais trouver le directeur... c'est un charmant garçon... et il me trouvera bien un fauteuil, lui!...

LA BURALISTE.

Eh bien, allez-y...

CHOUFLEURI.

Buraliste, je vous prie d'être gracieuse!... Un strapontin!... Ah! comme elle est mau*voise*! (Il monte l'escalier quatre à quatre.)

PREMIER MONSIEUR, rentrant, à la buraliste.

Décidément, donnez-moi le n° 11.

LA BURALISTE.

Trop tard!... il n'y a plus rien!

LE PREMIER MONSIEUR.

Sapristi! (Il sort et se rencontre avec Charlemagne qui entre en ce moment et le bouscule.)

SCÈNE III.

LA BURALISTE, CHARLEMAGNE, entrant précipitamment, puis BERTHE.

CHARLEMAGNE, s'adressant à la buraliste.

Dix stalles d'orchestre..

LA BURALISTE.

Il n'y en a plus!

CHARLEMAGNE.

Alors, vingt premières galeries, trente pourtours, n'importe quoi, quoi!

LA BURALISTE.

Il n'y en a plus!

CHARLEMAGNE.

Ah! on la connaît celle-là!... Est-ce que vous vous fichez du monde?...

LA BURALISTE.

Tâchez d'être poli, manant!...

CHARLEMAGNE.

Ah çà! dites-donc, est-ce que mon argent ne vaut pas celui d'un autre?...

LA BURALISTE.

Gardez-le, votre argent!... Qu'est-ce qui vous le demande?

CHARLEMAGNE.

Est-elle assez gracieuse, cette femme-là!.. Allons, des places, vivement, ou je démolis tout ici.

LA BURALISTE.

Allez vous promener!

CHARLEMAGNE.

Oh!

BERTHE, entrant, à la buraliste *.

Madame, voulez-vous me donner la loge que j'ai fait retenir, je vous prie. Comtesse de Cerny...

LA BURALISTE.

Très-bien, Madame!...

CHARLEMAGNE, à l'avant-scène **.

Ah! belle Mimi, vous trahissez vos serments... Eh bien, à nous deux! Il y aura ce soir du galoubet... moi et mes amis nous vous sifflerons... Mais comment faire pour avoir des places?... Oh! j'enrage!

BERTHE.

Merci, Madame... (Elle prend sa loge et paye.)

UN MONSIEUR, entrant ***.

Pardon, Madame! Pourriez-vous me faire la faveur de me louer deux fauteuils?

LA BURALISTE, à part.

Ah! il est poli celui-là... (Haut.) Monsieur, revenez dans un quart d'heure... L'administration a toujours quelques places de réserve... Je vais demander au régisseur ce donc je puis disposer. (Elle quitte son bureau et monte au théâtre. — Le monsieur sort.)

CHARLEMAGNE.

Elle s'en va!... Ah! quelle idée! Je pénétrerai dans ce bureau, et j'aurai des places... A nous deux, Mimi-Bamboche!.. (Il s'élance à la suite de la buraliste.)

* C. B.
** B. C.
*** La B. le M.

SCÈNE IV.

BERTHE, MIMI *.

MIMI, entrant.

Je suis sûre que je suis en retard pour la répétition!...

BERTHE, se retournant.

Mimi!... Te voilà!

MIMI.

Madame de Cerny!... Vous ici!...

BERTHE.

Oui, je viens louer une loge pour ton début...

MIMI.

Vraiment?... vous serez là ce soir?...

BERTHE.

Certainement, je veux t'applaudir...

MIMI.

Eh bien, et votre mari?...

BERTHE.

Ah! ma chère Mimi, Albert ne me quitte presque plus, il m'accompagne partout... Enfin, il est charmant.

MIMI.

Parce qu'il est jaloux... Comme Charlemagne, quand il m'a vue passer aux Champs-Élysées, dans ma voiture...

BERTHE.

Tu as une voiture?...

MIMI.

Que j'ai louée chez Brion, et que je conduis moi-même... (Faisant le geste de conduire.) Kott! kott!... C'est égal, ça ne fait pas le bonheur!... Ah! les hommes!... quelle clique, madame la comtesse!

CHOUFLEURI, dégringolant l'escalier, et à part, tout en traversant le théâtre.

Le directeur n'était pas dans son cabinet... On m'a dit qu'il déjeunait au café de Foy... j'y cours... (S'essuyant le front.) Oh! comme elle est mauvoise! (Il sort sans voir personne.)

BERTHE, le voyant sortir.

Mais, c'est M. Choufleuri!...

MIMI.

Oui, mon début le met dans tous ses états...

BERTHE.

Est-ce qu'il est toujours ton cavalier servant?

MIMI.

Toujours!... (Imitant Choufleuri.) Il me lance... mais le pauvre

* B. M.

garçon n'en est pas plus avancé... (On entend la cloche de la répétition.) On sonne pour le raccord *... Ah! je suis joliment émue!...

Air du *Vin à quatre sous.*

J'éprouve un fier tic-tac!
De crainte et d'espérance,
Là, dans mon estomac,
Je sens mon cœur qui danse;
Enfin, voilà le trac
Qui m'empoigne d'avance.
Toute la nuit, entre mes draps,
J'ai fait des sauts, des entrechats,
Je fermais l'œil et je rêvais
Que d'vant l' public je me trouvais.
Dès que je dansais,
Grand Dieu! quel succès!
On m' jetait des fleurs, on m'applaudissait;
Je levais la jambe, et l'on me bissait;
On m' complimentait,
Même on m'augmentait!
Ah! c'est trop brillant tout cela,
C'est un rêve que j'ai fait là;
Et ce beau rêve s'éteindra
Quand la rampe s'allumera.

BERTHE.

A ce soir!... Courage et bonne chance!..

MIMI.

Merci! (Elle disparaît par l'escalier.)

SCÈNE V.

BERTHE, BOURGALANT, puis DE CERNY **.

BERTHE.

Pauvre Mimi!

BOURGALANT, entrant.

Un fauteuil d'orchestre, s'il vous plaît?... Comment, personne au bureau de location!

BERTHE, qui allait sortir.

Monsieur Bourgalant!...

* M. B.
** B. Bour. de C.

BOURGALANT.

Madame de Cerny...

BERTHE, voyant entrer de Cerny.

Mon mari *!

DE CERNY, à part.

Elle ici!... Je ne m'étais pas trompé... j'avais reconnu sa voiture!

BOURGALANT, riant.

De Cerny... Ah çà! qu'avez-vous donc, mon cher... vous êtes tout pâle?...

DE CERNY, essayant de sourire.

Moi? Je n'ai rien... Que faites-vous ici, Madame?...

BERTHE.

Mais... je suis venue louer une loge pour ce soir...

DE CERNY.

Ah! (A part.) Elle voulait aller au théâtre sans moi!... Oh! elle me trompe!... Mais, malheur à celui!..

SCÈNE VI.

LES MÊMES, DUFRISON, pâle et tout effaré, puis PULCHÉRIE.

DUFRISON.

Sauvez-moi... sauvez-moi!

DE CERNY ET BOURGALANT.

Dufrison!

BERTHE.

Mon oncle!

BOURGALANT.

Mais qu'avez-vous **?

DUFRISON.

Pulchérie... qui me poursuit... Elle soudoie des hommes du peuple pour savoir où je vais... Elle a acheté un révolver à... douze coups... elle est là, dans la galerie... elle me cherche... où me cacher?.. Ah!... (Il se précipite dans le bureau de location.)

BERTHE.

Ah! mon Dieu!...

PULCHÉRIE, entrant vivement ***.

Où est-il, le galopin? où est-il, le Pandour?

BERTHE.

Ma tante!

* De C. B. Bour.
** De C. D. B. Bour.
*** De C. B. P. Bour.

BOURGALANT.

Calmez-vous!

PULCHÉRIE.

Que je me calme, quand il trépigne sur toutes les convenances!... Un homme qui m'a épousée par amour... et qui court après des cocottes!... Ce soir, il sera ici, sans doute... moi aussi... je veux le confondre... (Allant frapper au bureau de location à coups de poing redoublés.) Madame! Madame!

BERTHE, à part.

Ah! mon Dieu!

DE CERNY, à part.

Que faire?

BOURGALANT, à part.

Ce pauvre Dufrison!

BERTHE.

Ma tante, la buraliste est absente.

PULCHÉRIE.

Ah!.. (On entend un bruit de chaise qui dégringole dans le bureau.) Mais si, il y a du monde... (Recommençant à taper.) Madame, une loge! (La fenêtre du bureau s'ouvre, et Dufrison paraît avec un bonnet et un châle.)

DUFRISON, imitant la buraliste.

Il n'y en a plus!

TOUS LES PERSONNAGES.

Ah!..

PULCHÉRIE.

Madame, je veux une loge... c'est pour surprendre mon mari... un brigand!

DUFRISON, de sa voix naturelle.

Pardon, belle dame, mais...

PULCHÉRIE, avec un cri.

Ah! c'est lui... en buraliste *...

DUFRISON.

Chère amie, je te jure...

PULCHÉRIE.

Ah! petite canaille! Sardanapale!.. Tiens! tiens! tiens! tiens!.. (Elle lui assène des coups d'ombrelle. — La tête de Dufrison paraît et disparaît tour à tour, à l'instar du théâtre Guignol.)

BERTHE.

Ma tante, je vous en prie...

BOURGALANT ET DE CERNY.

De grâce!...

PULCHÉRIE.

Laissez-moi, que je le tue!.. Veux-tu sortir, arlequin?...

* B. de C. P. Bour.

(Elle ébranle la porte que Dufrison retient. La porte cède, Dufrison est précipité en scène, comme au troisième acte.)

DUFRISON, criant.

A la garde! à la garde!

Air : *Eh! allez donc* (TANT VA L'AUTRUCHE).

TOUS LES PERSONNAGES, cherchant à contenir Pulchérie.

Calmez-vous donc!
Écoutez la raison,
Calmez la colère
Qui vous exaspère...
Attendez donc!
D'une explication
Peut dépendre le pardon
De Dufrison!

PULCHÉRIE.

Laissez-moi donc!
Puis-je entendre raison,
Lorsque la colère
Ici m'exaspère...
Laissez-moi donc!
Pas d'explication...
Jamais (*bis*) de pardon
Pour Dufrison!

(Dufrison, qui a toujours le châle et le bonnet de la buraliste, sort vivement, et Pulchérie se précipite à sa poursuite.)

SCÈNE VII.

DE CERNY, BOURGALANT, BERTHE, puis CHOUFLEURI, puis CHARLEMAGNE.

CHOUFLEURI, entrant.

Le directeur n'était pas au café de Foy! (Criant.) Buraliste, donnez-moi ce strapontin.

CHARLEMAGNE, paraissant.

Il n'y en a plus!.. (Il est habillé en buraliste.)

CHOUFLEURI.

Et j'ai dépensé cinq cents francs pour la faire débuter!.. Mais c'est une horreur!.. une infamie!..

CHARLEMAGNE, à part, dans le bureau.

J'ai enfermé la buraliste dans le corps de garde aux pompiers... J'ai pincé ce costume au magasin. A moi les stalles, les loges pour mes amis!.. Ah! Mimi-Bamboche, je me vengerai!

CHOUFLEURI.

Comment, vous n'avez pas un strapontin ?

CHARLEMAGNE.

Puisque je vous dis que je n'ai rien !.. Fichez-moi la paix !

CHOUFLEURI.

Eh ! mais, dites donc, là-bas !..

UN MARCHAND DE CONTRE-MARQUE *.

Pst !.. Monsieur... en voulez-vous, *un* stalle ?

CHOUFLEURI.

Parbleu ! vous me sauvez la vie. Combien ?

LE MARCHAND.

Pour vous, Monsieur... soixante francs !

CHOUFLEURI.

Bigre !.. Les voilà !.. Enfin, j'ai mon fauteuil... Voyons... le nº 509... mais il n'y a pas de 509 à l'orchestre... (Lisant.) Stalle du troisième amphithéâtre... Je suis volé !.. C'est égal, je la lance !

DUFRISON, reparaissant haletant, et plus effaré que jamais, toujours avec le châle et le bonnet **.

Au secours ! au secours !

CHOUFLEURI.

Qu'y a-t-il donc?

DUFRISON.

Ah ! cher bon, ma femme me poursuit .. Je me suis réfugié chez un bijoutier... on m'a pris pour un voleur... les alguazils sont à mes chausses !.. Ah ! je défaille !.. (Choufleuri le soutient.)

LA BURALISTE, entrant ***.

Où est-il, le gredin qui m'a enfermée? (Voyant Dufrison.) Mon chapeau !.. mon châle ! Ah ! coquin !

DUFRISON.

Belle dame... je vais vous expliquer... Ciel ! j'entends Pulchérie... Une petite place, n'importe où !.. (Il entre dans le bureau où est Charlemagne.)

CHARLEMAGNE.

Une place ?.. N'y en a plus !

PULCHÉRIE, entrant, suivie de la foule, elle montre Dufrison.

C'est lui ! le voilà !.. je vous le livre !..

DUFRISON.

Ah ! je suis mort !

MIMI, paraissant sur l'escalier.

Trois buralistes ?.. Ah ! ah ! ah ! ah ! En voilà des aventures pour mes Mémoires !

* Ch. le march.
** C. D.
*** La b. Ch. D.

ENSEMBLE.

Air :

PULCHÉRIE.

Vraiment! (*bis.*)
Quel tracas, quel tourment!
Dans ma juste furie,
Je veux avoir sa vie!
Ne me retenez pas,
Il me faut son trépas!
Oui, son trépas!

LES AUTRES.

Vraiment! (*bis.*)
Quel tracas, quel tourment!
D'une telle furie,
Je tremble pour sa vie!
Vite, arrêtons son bras,
Ou craignons son trépas!
Oui, son trépas!

(La buraliste lutte avec Charlemagne, qui a les mains pleines de billets. — Pulchérie tombe sur Dufrison à coups d'ombrelle. — Les autres personnages cherchent à la retenir. — Le rideau baisse sur un pêle-mêle général.)

ACTE CINQUIÈME

La salle du théâtre du Palais-Royal.

SCÈNE UNIQUE.

(On est dans un entr'acte.—On entend la sonnette d'avertissement qui appelle les musiciens à l'orchestre.— Le public commence à rentrer.)

CHARLEMAGNE, paraissant à l'orchestre.

Strapontin, nº 126... (Il cherche. — A un spectateur.) Pardon, Monsieur, vous avez ma place.

LE SPECTATEUR.

Je ne crois pas, Monsieur.

CHARLEMAGNE.

Si fait!... J'ai le 126.

LE SPECTATEUR.

Le 126?... C'est plus loin... tout au bout... près de l'orchestre des musiciens.

CHARLEMAGNE.

Ah!.. En ce cas, excusez!... (Il passe.) Comment, sapristi!.. à côté de la contre-basse!... Mais je ne verrai rien du tout!.. Je paye six francs pour voir la pièce et je ne vois qu'un manche de gigot? (A la contre-basse.) Otez donc votre manche de gigot!..

LE MUSICIEN.

Mais, Monsieur...

CHARLEMAGNE.

Il n'y a pas de mais!... Otez votre manche de gigot!... (Débat entre Charlemagne et la contre-basse.)

UN CRIEUR, dans la salle.

Demandez *la Patrie*... le journal du soir... le cours de la Bourse... les nouvelles intéressantes!...

BOURGALANT, à l'ouvreuse de la première galerie.

Le fauteuil nº 12, au premier rang?... Très-bien!... Le rideau n'est pas levé... c'est parfait!... (Il passe à sa place, tire sa lorgnette et se met à regarder dans la salle.)

DE CERNY.

La loge nº 4?..

BERTHE.

C'est ici. (M. de Cerny, Berthe et Pulchérie paraissent et se placent dans la petite loge voisine de l'avant-scène, côté gauche du public.)

DE CERNY, à l'ouvreuse.

Donnez-nous *l'Entr'acte*, je vous prie.

BERTHE.

Et un petit banc.

PULCHÉRIE.

Deux petits bancs!... (Se plaçant sur le devant avec sa nièce.) Que c'est étroit ici... on ne sait où mettre ses genoux!..

DUFRISON, paraissant à côté de Bourgalant et s'adressant aux personnes qui l'empêchent de regagner sa stalle.

Mille pardons, Messieurs, si je suis importun... Pourriez-vous en quelque sorte, et, si j'ose m'exprimer ainsi, me permettre de?... Désolé, Messieurs, désolé!... Eh! c'est ce cher Bourgalant!

PULCHÉRIE, qui lorgnait dans la salle.

Ah çà! je ne m'abuse pas!... ce rire de canard... c'est lui! c'est Palamède!... Ici!.. j'en étais sûre!

BERTHE.

Ma tante, contenez-vous, je vous en conjure!

PULCHÉRIE.

Oui, je me contiendrai... Mais, ce soir, en rentrant, il me le payera!.. Quelle roulée!..

BOURGALANT, à Dufrison.

Vous arrivez bien tard!...

DUFRISON.

Il a fallu trouver un prétexte pour colorer mon absence... Et Madame se porte bien?

BOURGALANT.

Pas mal!... Un peu nerveuse depuis la fameuse scène de l'autre jour.

DUFRISON.

La scène des armoires?... C'est comme Pulchérie. . elle a des nerfs... c'est effrayant... Croiriez-vous, cher maître, que, rentrés à la maison, nous nous sommes livrés à un pugilat. Elle m'a tombé... Ah! ah! ah!..

BOURGALANT.

Et comment avez-vous fait pour vous échapper, ce soir?

DUFRISON.

Je suis sorti sous un motif frivole... Je lui ai dit que j'allais acheter *la Patrie*... Ah! ah! ah!... pour lire *les Chevaliers du clair de lune*... Ah! ah! ah!...

BOURGALANT.

Farceur!...

CHOUFLEURI, paraissant à la deuxième galerie.

Ah çà! mais je ne vois pas!... mais c'est une infamie!... Le lustre m'éborgne, sapristi!..

CHARLEMAGNE, l'apercevant.

Encore ce Choufleuri!..

CHOUFLEURI, le voyant aussi.

Le photographe!..

CHARLEMAGNE.

Ah! je te repigerai dans l'autre entr'acte, va!... (Il le menace de la main.)

CHOUFLEURI.

Ah! mais. . vous m'ennuyez, vous!..

DUFRISON.

Tiens, Choufleuri!... Bonsoir, cher bon!... Vous paraissez fort animé?

CHOUFLEURI.

C'est dégoûtant!.. Je me procure une place au poids de l'or... et je n'y vois pas!... Comprenez-vous que l'on huche un chrétien dans ces endroits-là... Me mettre au poulailler, moi, un homme du monde!.. un homme chic!

DUFRISON.

Au poulailler!... cela vous étonne, cher ami?

Air : *En attendant.*

Au poulailler
L'amour a des cachettes;
Du poulailler
Vous êtes coutumier;
Car vous avez tant croqué de poulettes,
Que ce n'est pas étonnant si vous êtes
Au poulailler. (*bis.*)

(Au chef d'orchestre.) Monsieur le chef d'orchestre, agréez mes remerciements et mes congratulations.

PAMPHILE, au milieu du parterre.

Bravo! bravo!... Dufrison, vous m'avez fait plaisir... je ne vous l'envoie pas dire.

DUFRISON.

Qui donc ici m'interpelle?

CHOUFLEURI.

Pamphile!...

PAMPHILE, se levant.

Oui, Monsieur, je suis venu soigner Madame... Ah! c'est qu'elle en pince gentiment, Madame!..

CHOUFLEURI.

Parbleu! c'est moi qui l'ait lancée!..

DUFRISON.

Ah! ah! ah! Mais, palsambleu!.. nous sommes au complet. Il ne manque personne...

PULCHÉRIE, se levant tout à coup dans la loge d'avant-scène.

Pas même moi, scélérat!..

DUFRISON.

Que vois-je! Pulchérie!.. la gardienne de mon honneur!..

PULCHÉRIE.

Petite infamie que vous êtes!.. C'est donc ainsi que vous me trompiez?..

DUFRISON.

Bonne amie, je vais te dire, il pleuvait...

PULCHÉRIE.

Ah! je la connais celle-là!.. Voilà comme vous achetez *la Patrie*...

DUFRISON.

Il n'en restait plus...

PULCHÉRIE.

Mensonge!

DUFRISON.

Il n'y avait plus que *les Petites Affiches*... et tu sais que ce n'est pas ma nuance...

PULCHÉRIE.

Tenez, vous n'êtes qu'un polichinelle!..

DUFRISON.

Le mot est vif, chère amie...

PULCHÉRIE.

Un homme qui m'a épousée par amour..

PAMPHILE.

Par amour? Oh! la, la!..

PULCHÉRIE.

Et qui me trompe!

DUFRISON.

Je vous trompe par amour aussi... Les soirées sont si longues!

PULCHÉRIE.

Palamède!.. ne gouaillez pas!..

BERTHE, suppliante.

Ma tante!.. on nous regarde!..

PULCHÉRIE.

Laissez-moi tranquille!.. (A son mari en levant son petit banc.) Où je vous jette ce petit banc à la tête.

BOURGALANT.

Pardon, Madame, tâchez de bien viser.

PULCHÉRIE.

Monsieur Bourgalant!... lui aussi!...

CHOUFLEURI.

Tiens! Bourgalant!... Bonjour, cher...

PULCHÉRIE, avec indignation.

Et monsieur Choufleuri!... Ils sont tous là, pour voir débuter des Mimi-Bamboche!

DE CERNY, à Pulchérie.

Mais vous faites scandale.

PULCHÉRIE.

Laissez-moi tranquille!... (Continuant avec fureur.) On court après ces drôlesses... et on nous néglige, nous, les anges du foyer... nous, les muses de l'amour conjugal, on nous considère comme des gêneuses!...

BERTHE, cherchant à la calmer.

De grâce!... ma chère tante!...

PULCHÉRIE, sans l'écouter.

Ah! c'en est trop!... je parlerai. Oui, Messieurs, je ne suis qu'une faible femme, moi... mais je parlerai!... Assez de pirouettes!... assez de cascades! assez de Mimi-Bamboche!... Place aux honnêtes femmes qui vont à pied!...

DUFRISON.

Pulchérie, vous allez vous blesser!

PULCHÉRIE, s'éventant.

Ah! j'étouffe... je suffoque!... Une choppe! madame l'ouvreuse. (Elle se rassied.)

PAMPHILE.

Bravo!... Allez-y, mame Dufrison! vous m'avez fait plaisir!... je ne vous l'envoie pas dire.

DUFRISON.

Pulchérie, soyez convenable!...

PULCHÉRIE, d'une voix brisée.

Palamède, je vous ai aimé... Oh! oui, je vous ai bien aimé, Palamède!... Je vous ai donné ma jeunesse, tout, tout, tout... Mais, maintenant, il n'y a plus pour vous qu'un seul mot dans mon cœur... flûte!

DUFRISON.

Pulchérie!... soyez convenable!...

CHOUFLEURI.

Elle va un peu loin!... Madame Dufrison, vous êtes raide!..

LE CRIEUR, dans la salle.

Demandez ce qui vient de paraître!... Les *Mémoires de Mimi-Bamboche!...*

TOUS.

Les *Mémoires de Mimi-Bamboche?...*

LE CRIEUR.

Un franc cinquante... avec portrait!.. Demandez, Messieurs, demandez!...

TOUS.

A moi!... à moi!... Par ici!...

CHOUFLEURI.

A moi!...

CHARLEMAGNE.

Le récit de ses trahisons!... Ah! j'écume!...

DUFRISON, au crieur.

Pardon, cher maître, passez-moi un exemplaire de cet opuscule.

LE CRIEUR.

Voilà, Monsieur.

PULCHÉRIE, se levant.

Et ces demoiselles écrivent leurs mémoires!... Palamède! je vous défends de lire ces infamies-là!

DUFRISON.

Pulchérie, vous m'avez dit tout à l'heure un mot proscrit

par les convenances sociales. Ma réponse sera ferme et concise : « Allez-vous asseoir ! »

PULCHÉRIE.

Oh !.. (On frappe les trois coups. Le crieur s'empresse de délivrer aux acheteurs des exemplaires des Mémoires. — Charlemagne en a un, de Cerny un autre. On crie : Assis !... assis !... Silence ! — Le calme s'établit. — On joue l'ouverture, le rideau se lève et la pièce commence. — Le théâtre représente un couloir de l'Opéra ; une foule de masques en scène, gambadant et dansant la fin d'une figure.)

CHOEUR, sur le théâtre.

Air de *la Pénélope à la mode de Caen.*

Viv' le bal de l'Opéra !
On s'amuse, on batifole.
Viv' l' bal de l'Opéra !
Ah ! ah ! ah ! ah !
Amis, c'est là (*ter.*) qu'on rigole
Et tant que l' monde vivra,
Ah !
C'est là qu'on rigolera !
(On danse sur la ritournelle.)

UN CHICARD.

Dis donc, jolie pierrette, veux-tu souper?

LA PIERRETTE*.

Avec toi?

LE CHICARD.

Je t'offre une douzaine d'huîtres.

LA PIERRETTE.

Merci, ça ferait treize... ça me porterait malheur !

UN DÉBARDEUR, au bras d'un pierrot.

Adolphe, si nous partions cette nuit ensemble, comme il y en a qui seraient attrapés !

LE PIERROT.

Oui ; moi, d'abord.

LE DÉBARDEUR.

Méchant !

UN SAUVAGE, s'approchant d'un bébé.

Une chaumière et mon cœur...

LE BÉBÉ.

As-tu fini !.. (Reprise du chœur précédent, qui est interrompu, après les premières mesures, par la voix de Bourgalant, de Choufleuri et de Dufrison, qui se font entendre dans la salle.)

BOURGALANT, furieux.

Oh !

NOTA. La Pierrette, le Débardeur et le Bébé sont joués par les trois actrices qui remplissaient, au deuxième acte, les rôles de Georgina, de Juliette et de Florence.

CHOUFLEURI, de même.

Ah !

DUFRISON, de même.

Ouais !

CHARLEMAGNE, avec joie.

Qu'ai-je lu?

BOURGALANT.

Nous sommes joués !

CHOUFLEURI.

Bernés !

DUFRISON.

Gouaillés !

CRIS DANS LA SALLE.

Silence ! silence !.. A la porte ! (Les acteurs, en scène, s'arrêtent et regardent d'un air étonné.)

LA PIERRETTE.

Tiens !.. M. Dufrison !

LE BÉBÉ.

Et M. Choufleuri... là-haut !.. (Elles se les désignent entre elles en riant.)

CHOUFLEURI.

Mais, elle nous attaque !

DUFRISON.

Elle nous vilipende !

PULCHÉRIE, triomphante.

C'est bien fait ! Je suis vengée !

BOURGALANT, montrant son livre.

Elle nous désigne dans ses Mémoires... par nos initiales seulement...

CHOUFLEURI.

Mais on nous reconnaîtra clairement... Écoutez plutôt : (Lisant un passage de la brochure.) « Forcée d'échapper aux assiduités d'un grand imbécile... » Un grand imbécile?.. C'est moi!

DUFRISON, lisant aussi.

« Et à celle d'un petit raseur... » Un petit raseur?.. C'est moi !.. (Rires des acteurs et des spectateurs.)

BOURGALANT.

Vengeons-nous !

CHOUFLEURI.

Oui, empêchons la représentation.

CHARLEMAGNE.

Je m'y oppose !

CRIS, dans la salle.

Silence, donc !.. silence !

PAMPHILE, montant sur sa banquette.

A la porte le gandin !

BOURGALANT.

Nous nous moquons de vous ! Courons au théâtre !

TOUS.

Oui, oui... au théâtre!

PULCHÉRIE, quittant sa place.

Palamède, je vous défends d'aller dans les coulisses!... (Criant.) Ah!.. Palamède, j'oublie tout!.. Je te pardonne!..

DUFRISON, CHOUFLEURI ET BOURGALANT.

Vengeance!.. (Ils sortent en désordre, ainsi que Charlemagne. Pulchérie quitte aussi sa loge, suivie de Cerny et de Berthe, qui cherchent en vain à la retenir.)

LE RÉGISSEUR, accourant effaré sur le théâtre.

Eh bien! eh bien! qu'est-ce donc?.. Que se passe-t-il?

PAMPHILE, toujours au parterre.

Tiens! c'est le régisseur!... Monsieur Kalkaire!... bonsoir, monsieur Kalkaire!

LE RÉGISSEUR, s'approchant de la rampe et saluant le public.

Messieurs, un scandale, sans précédent dans les fastes de cet heureux théâtre, vient d'avoir lieu. Nous ne pouvons l'attribuer qu'à une cabale organisée contre la débutante... mais rassurez-vous, des mesures énergiques viennent d'être prises contre les perturbateurs... et la représentation ne sera pas plus longtemps interrompue. (On applaudit. — Il salue.)

PAMPHILE.

Bravo!.. Monsieur Kalkaire, vous m'avez fait plaisir... vous m'êtes sympathique! Je ne vous l'envoie pas dire.

LE RÉGISSEUR, aux personnages en scène.

Allons, Messieurs, continuez!... continuez!... (Il va pour se retirer, lorsque Dufrison, Bourgalant, Choufleuri entrent tout à coup sur le théâtre.)

CHOUFLEURI.

Du tout... on ne continuera pas... je m'y oppose!

DUFRISON ET BOURGALANT.

Nous nous y opposons!

CHOUFLEURI.

Nous voulons parler à Mimi-Bamboche!

DUFRISON ET BOURGALANT.

Oui!.. oui!.. Où est-elle?

MIMI, entrant en costume.

Eh bien, me voilà! Après?

DUFRISON.

Mademoiselle, nous expliquerez-vous...

CHOUFLEURI.

Nous expliquerez-vous pourquoi...

MIMI.

Parfaitement, Messieurs... Je me suis moquée de vous.

TOUS.

Elle l'avoue!

CHOUFLEURI.

Elle ose l'avouer!

MIMI.

En acceptant vos œillades et vos bouquets, je n'avais qu'un but, c'était de ramener mon gros infidèle de Charlemagne.

CHARLEMAGNE, qui est entré pendant les derniers mots.

Ah! Mimi!.. ma petite Mimi!.. (Il la presse dans ses bras.)

DUFRISON.

Diavolo! . elle nous gouaillait!

BOURGALANT, à Choufleuri.

Elle nous échappe, mon bon!

CHOUFLEURI, avec satisfaction.

C'est égal, c'est moi qui l'ai lancée.

MIMI.

Allons, maintenant, place au théâtre.

GEORGINA, en bébé.

Du tout!.. Il faut qu'ils restent!

JULIETTE, en pierrette.

Puisqu'ils sont venus sur le théâtre, ils danseront avec nous.

FLORENCE, en débardeur.

Ça sera plus drôle.

TOUS.

C'est ça!.. c'est ça!.. (On se cramponne à Choufleuri, à Dufrison et à Bourgalant.)

LES TROIS HOMMES.

Permettez!.. permettez!..

BOURGALANT.

Un ex-fournisseur!..

DUFRISON.

Un professeur d'anatomie comparée!..

CHOUFLEURI.

Un jeune homme du monde.... un jenne homme chic!.. figurer sur les planches comme un histrion, un baladin!..

TOUS.

En place!.. en place!..

CHARLEMAGNE.

Bah! allons-y gaiement!

MIMI.

Un instant! J'ai encore quelque chose à dire!

MIMI, au public.

Air de la *Ronde du 2e acte.*

Pour qu'à mes vœux tout succède
Dès ce soir...

TOUS.

Dès ce soir.

MIMI.

Je mets en vous, en votre aide,
Mon espoir.

TOUS.

Son espoir.

MIMI.

Que la plus douce des victoires,
Soit réservée à mes Mémoires.
Qu'ici, frappant
Notre tympan,
Résonnent de joyeux pan, pan!
Répétez tous, sans anicroche : (*bis.*)
Vive Mimi-Bamboche!

TOUS.

Vive Mimi-Bamboche!

(Quadrille final dansé par tout le monde. — On porte Mimi-Bamboche en triomphe.)

FIN.

LAGNY. — Typographie de A. VARIGAULT et Cie.

www.ingramcontent.com/pod-product-compliance
Ingram Content Group UK Ltd.
Pitfield, Milton Keynes, MK11 3LW, UK
UKHW022125260726
13993UKWH00003B/1247